黑幼龍的慢養哲學

中文卡內基訓練創辦人
黑幼龍 著

幫助孩子在成長過程中找到力量

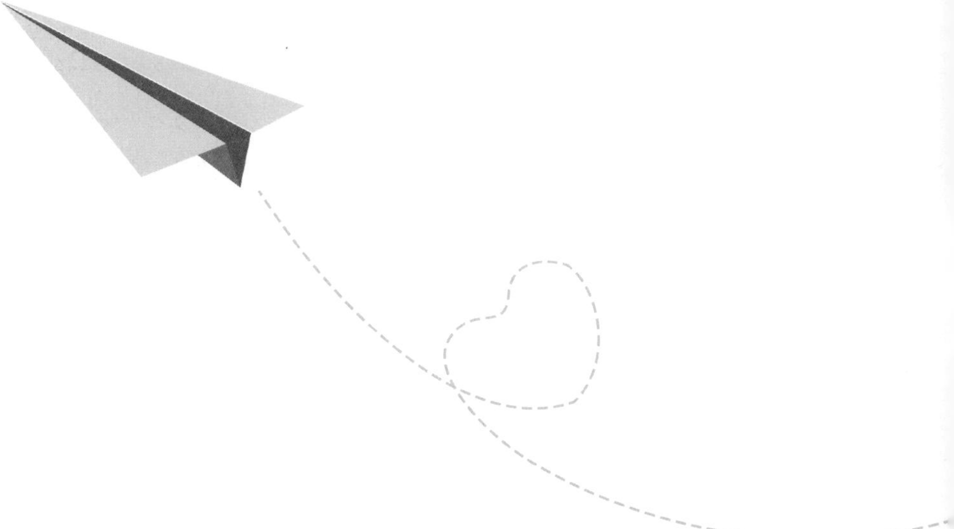

自序
想輕聲細語的和你談心

從三十多年前起，我的孩子都還是學生時開始，我就陸陸續續給他們寫信，談心。其中多半是我的感想，我對他們的期望。當然更多的是，我以他們爲榮的點點滴滴。

還有一些是寫給至親好友的，包括我太太。

這些心得陸續分享在報紙雜誌上發表，幾十年下來，已經可以累積成書了。而且還新創了「慢養」這名詞。因爲有些內容是與父母親分享的。

我要由衷感謝時報出版社的大力支持。要是這本書能對父母、孩子、家庭的成長幫上一些忙，我不僅會心曠神怡，而且還會聯想成是對生命工程的一點貢獻。

其實我從小學開始，到中學，到進空軍，最喜歡的就是作文。還記得畢業後陸續會爬格子，給報社投稿。那個年代，還要附上一個貼好郵票的信封，以備退稿。不知道五、六十年前報社的編輯把這些稿件裝進信封，退回給作者時的心情如何？坦白說，我收到退回的稿件後，眞的沒那麼難過。當然，偶爾登出來了，眞是欣喜不已。

後來陸續登出來的次數愈來愈多，我在中國時報副刊寫過一個專欄，內容都是用寫信的筆調，與孩子、好友談心。想不到這漸漸的形成了我寫作的風格——以感性的語氣，與他們誠摯的溝通。而唱「外婆的澎湖灣」的潘安邦因爲看到這些文章，還特別請我上他的電視節目。他一定是個很感性的人。

有一次，我在航空公司報到，那位櫃台服務員顯然看過這些文章，她跟我說：「當你的孩子好幸福。」有時候遇到空中小姐，她們會大方的問：「你的孩子都結婚了喔?!好，我們沒希望了！」

在光啓社的活動中，常常遇到我們這一代的人最熟悉的崔苔菁，她也曾跟我說，你的文章寫得太感人了。我猜她大概是看過我那篇寫給女兒的信：信中我談到牽著女兒的手，從教堂中間走上台的心情。那是我送給女兒的結婚禮物。

提到以上這些對自己的肯定，我只有一個目的，那就是：我想寫「輕聲細述」，「想和你談心」的感性文章。不只是爲心靈互動，也有時會療癒自己的所缺，寫的時候，也好像是跟自己說話。我們每個人不都是應該隔一段時間就該靜一下、想一想，怎麼樣才能更快樂，怎麼樣才能幫助別人更快樂嗎？

我會再次閱讀自己寫的這些心得、感想。希望你也能因此得到快樂！

目錄

輯二・陪孩子走過的成長路
To My Dear Children

目錄

輯三．父母們，我想你們應該知道
To My Dear Friend

目錄

前言
二十年後，享受「慢養」的豐收

我自己這一代六個孩子，只有我的四弟和最小的弟弟、妹妹念完了大學，我和其他三個兄弟都是軍人，都沒好好念書。而我自己的四個孩子學業都很好，可以說是青出於藍。黑家一代代傳承下來，算是慢慢有了進步。

四個孩子現在也都當了爸爸媽媽，他們對孩子的關心，比我們有過之而無不及。當年我如果感冒生病，家裡根本沒人管我，但我的四個孩子生病的時候，因爲當時經濟狀況不好，我和太太百齡還賣掉小孩滿月時人家送的金鎖片，帶他們去看醫師。現在，我的幾個孫子們被照顧得無微不至，像黑立琍的女兒年紀還小的時候，衣服卻已經整個衣櫃都擠不下，家裡全都是小孫女的衣服，也不管孩子長得快，衣服一下子就不能穿了。只好送給別人家的小孩。不但買衣服大方，孫子要游泳、學體操，他們也都全力支持，我眞覺得我的孩子們當爸媽當得比我還要好。

但我也有擔心的時候，我看他們這麼照顧自己的小孩，包括身體和心理的充分關心，孫子們會不會因此不夠堅強？他們有沒有讓孩子們也受點挫折呢？以前我載老么黑立行去舊金山讀史丹佛大學，那時他才十八歲，就有了一部新車，住的是四人一間的宿舍，漂亮的校園裡頭還有羅丹的雕像，跟立行一起漫步在校園中時，我有好深的感觸。相對於我自己十八歲的時候，正準備離家念軍校，卻感覺自己好像變成被社會拋棄的孤兒……這眞的是好大的對比。也難怪有時我會懷疑他們是否有堅持面對困難的毅力？他們有辦法忍受沒有抽水馬桶的廁所嗎？我在路邊吃一碗麵會怡然自得很開心，但他們能享受其中的樂趣嗎？

※

很多父母會跟孩子說：「我當年怎麼樣……怎麼樣……你現在怎麼這樣……」但我只能說人生真的很奧妙，不同年代的人生是完全不一樣的，雖然我們自己會有所感慨，但其實想想也就過去了，不一定要跟孩子講，或把壓力加到孩子身上。

在教養孩子的過程中，「和太太談話」是我最重要的思考及紓解壓力情緒的出口。我的孩子們都去過歐洲，我那幾年雖然去過兩次，但都是因公出差，沒時間真正深入體驗歐洲風情。有一回兒子從歐洲打電話回來，說他們正坐在英國的公園裡面啃麵包，讓我好生羨慕。而小兒子立行之前自己創業，有回到佛羅里達州參展，很辛苦，參展結束後他們安排順道到邁阿密度假，我一聽到就跟太太說：「哎呀，爸爸都還沒去過邁阿密，孩子怎麼可以去！」雖然是開玩笑的，但百齡會告訴我，**不應該說這些話讓孩子覺得內疚和罪惡感**。

我和太太經常把孩子們的事情拿來當聊天的題材，孩子說過的話、做過的事，有哪些令我們感動，哪些令我們好氣又好笑等等。像女兒立琍在學校很活躍，參與很多社團，有一天大哥黑立言就跟妹妹說：「妳這樣參加很多活動，非常活躍，以後可以申請哈佛喔！」沒想到立琍馬上說：「我才不要念哈佛呢，我要好好享受人生！」因爲我經常不在家，透過和太太的分享，可以多了解孩子的想法及成長過程。如果夫妻間可以不要談太多房子、股票、車子，而是把時間花在討論孩子身上，也是增進夫妻及孩子們之間情感的一種方式。

其實教養小孩沒有一個標準，沒有誰對誰錯，但我想大部分的父母都希望自己的孩子是個負責任的人。就像孩子們選擇自己的另一半，這是他們在自由意志下做的決定，和選擇的人共度一生；現在四個孩子的婚姻都很幸福，我相信偶爾也會吵架、不開心，但這都是自己的決定，所以不會有怨言。不只是婚姻，工作、讀書都必須爲自己負責，如果希望孩子能夠爲自己做的決定負責，那麼我們在教養小孩的過程中就必須給他們自由選擇、勇於承擔的機會。如果將我和太太結婚五十多年來，教養孩子的原則做一個總結，那就是——**我們眞的給孩子很多自己做決定的機會和空間**。

※

當然，要讓孩子們自己做決定、自己負責的過程中，也會擔心孩子們會不會吃虧？是不是交了壞朋友？或是會不會受到誘惑？像黑立國曾經交了不少壞朋友，黑立琍也一樣，但這要回到原來的論點：你是要讓他嘗試一下，受了罪，吃了虧，讓他們自己去思考，這輩子要不要跟這樣的朋友在一起？還是要把孩子保護住不讓他們碰到這些誘惑？我認爲就算孩子成長的時候你死命保護他，但以後還是會面對這些問題。等開始工作，他可能會因爲缺乏自我思考、爲自己決定負責的歷練，而碰到更大的挫折。

所以，經過前二十年培養孩子們自由決定、自我負責的過程後，後來這二十年，他們每一個人在工作及家庭上，都有不錯的生活，我倒感覺很像是前二十年的「慢養」教養方式，終於有了豐碩收割。

輯一・黑家的慢養哲學

慢養是什麼？

最近在接受一次採訪時，主持人對養育子女好像頗有心得。她問，放養、嚴養、慢養子女，最大不同在那裡？

我覺得「放養」有點像是放任不管，放牛吃草。

「嚴養」像是虎媽。或比喻成養雞、養乳牛一樣，把孩子照顧得嚴嚴密密的，但關在籠子裏，隔在牛欄中，幾乎沒有空間可言。

慢養像是種花。父母像園丁，負責澆水、施肥。有時候旁邊裝一支架，以備刮風時提供些支持的力量。

有些花開得早，有些含苞待放的時間會長些。細心的園丁不會揠苗助長，或強迫它們在特定時候開花。園丁的美麗花圃可能包含有康乃馨、玫瑰花、鬱金香、百合花。每一種花都可能有千變萬化的顏色。園丁會覺得很美，也很會欣賞。

慢養型的父母比如此這般的園丁還更有深度，還更能欣賞孩子的特色與不同，還更能包容，也更有耐心、關心、愛心。

我做了五十多年的父親，有四個孩子。我做了二十多年有十一個孫子女的祖父。最深的感觸就是，**這些孩子是那麼的不同**。同樣的父母，同樣的環境、鄰居、親戚，同樣的中、小學，同樣的成長背景，我的四個孩子都不一樣，連他們自己都覺得不一樣。怎麼解釋呢？在驚嘆之餘，我默默的讚揚造物主的奇妙與深不可測。

舉例來說：我的老大從小就喜愛閱讀歷史、政治，也很有創意。老二卻一點興趣都沒有，而且還常奇怪只比他大一歲的哥哥怎麼這麼喜愛歷史？這麼喜愛作文？他自己熱愛的卻是運動和修理家具。

四個孩子中，從小老二的功課就最差，常惹禍、不學好，他自己也說過他好像一群白羊中的一隻黑羊。但所幸我們沒有差別待遇，連內心對他們四人的心態，或關心的態度也是一樣的。結果老二後來做了醫師，成了醫學院的副教授。

這朵花開得較慢，但這朵花的顏色很獨特。我們做到了慢養的園丁，我們是相信孩子要慢養的父母。

其實，說句老實話，不慢養也不行。我的老三是女兒，連我弟弟都為我擔心，因為她從十歲起，看起來就像是個太妹。熱門歌曲幾乎聽過一次就會唱，跳迪斯可舞的時候，一點也不在乎別人怎麼看她，特別是父母對她有什麼看法。後來，過了這段青春期後，結婚至今已二十五年了，做了三個孩子的全職母親，老大都已經大二了。當年要是沒有慢養，一切家法處理，真不知現在她是什麼樣子了！

孩子是造物主賜給我們最珍貴的禮物，慢養是親子關係的康莊大道，讓我們一起一步一步的走吧！

別急著為孩子的一生下定論

許多父母會覺得奇怪，同一個父母生的，孩子的個性爲什麼完全不一樣？也有很多父母會將自己的經驗或期待，加到孩子身上，但這其中的差異是我們必須要小心處理的。父母生長的年代、甚至兄弟姊妹出生的環境，在食衣住行上的條件都不同，不能以同一個標準來要求或看待，這樣對小孩很不公平；像我父親是軍人，我在很貧窮的家庭環境中長大，所以我會很節省、甚至不肯花錢，但我的小孩不一樣，他們也會想要名牌，想要穿Polo的鞋子、衣服，這些都是我覺得不需要、不應該花的錢，但單單以這一點來要求小孩，就會造成父子間的摩擦和不愉快。

其實我們不應該用現在的狀況來判斷孩子將來的好壞，現在小孩功課可能很好，但不一定保證未來就會功成名就；而現在也許孩子功課很爛、不及格或甚至可能交了一些壞朋友，但將來他可能會成爲一個很傑出的人。**不要現在就替自己孩子的一生下定論！孩子的教養應該要慢慢來，給他們多一些空間，讓他們慢慢形塑自己的人生藍圖。**

當年我們住在美國時，有一天三戶鄰居一起來抗議，對我說：「你們的孩子眞的太差勁了，說下流的髒話，給我們的孩子們聽到非常不好，還把狗大便丟到我們院子裡，跟你們當鄰居眞是羞恥。我們知道這樣的孩子很難管教，但你們還是該盡力！」那時我眞的很生氣。後來二十年過去了，四個孩子都念了好學校，畢業後也都有不錯的工作，擁有自己的人生，我有時候會反覆思考，當年說我的孩子們是流氓、是壞孩子的鄰居，他們自己的小孩現在不曉得怎麼樣？人生眞是變化莫測，而孩子們的教養空間又何其大！

回想起來，公平客觀的來說，那時候，我們的小孩眞的不是一般人眼中的好小孩，他們常常爭吵，家裡天花板都快被掀掉了，功課也不好。老二立國在外面跟同學打架，女兒叛逆期，念小學就忙著化妝、談戀愛；嚴格說起來，那段低潮是我們家最大的黑暗期。我甚至會沮喪地想，我和太太已經這麼辛苦打拚了，怎麼我們的家庭和生活竟然會這樣一塌糊塗！

那時我們經濟狀況不是很好。老大黑立言十六、七歲的時候在炸雞店打工，因爲他沒有車，所以晚上十一點我們就到打工的地方去接他。有一回奶奶跟我一起去，坐在車上看黑立言還在那兒拖地，奶奶就心疼地說：「哎呀，回家叫他不要做了，別打工了！」我當然心疼孩子，也理解我媽媽對孫子的關心，但我告訴自己要忍住，讓黑立言自食其力，打工的錢他可以留起來自由運用。

老二黑立國也曾經在迪士尼樂園賣冰淇淋，他說要自己賺念書的錢，當然一樣由我們接送，我覺得他得在大太陽底下曬很久、眞的很熱，但也一樣忍住不捨的情

我有時候會反覆思考，當年說我的孩子們是流氓、是壞孩子的鄰居，他們自己的小孩現在不曉得怎麼樣？人生真是變化莫測，而孩子們的教養空間又何其大！

緒沒有跟他說：「算了吧，別做了，我們又不缺那個錢！」

很多父母和我一樣，我們常擔心小孩吃太多苦、太累，但有時候眞的要克服那種心理障礙。第三及第四個小孩立琍和立行，後來因爲家裡環境改善，就沒有打過工，只有女兒立琍曾經到銀行玩票性質的體驗打工。

黑立言曾經有一次在卡內基情緒分享的課程中說，他跟我們一起去做販賣機的補貨和收錢，看到媽媽把東西拆下來，在一旁奮力的清洗，他覺得很傷感，想到自己在美國念書，花家裡很多錢，還讓媽媽這麼辛苦做清潔的工作……黑立言會有這樣的情緒，也是因爲長大的過程不同，才會有這樣的感受。

所以如果要問我，這些打工經驗對孩子後來有沒有產生影響，答案是肯定的。立言和立國他們後來在人生中的一些決定，例如工作、生活，都比弟弟、妹妹要來得謹愼小心。

一起祈禱是我們的親密儀式

身爲天主教家庭，祈禱成爲我們家重要的精神支撐力量。當年我到屏東念軍校，父親送我去臺北火車站坐車後，清晨回家的路上，到教堂參加第一場彌撒爲我熱烈祈禱，讓我感受到父親的鐵漢柔情。在我和四個孩子的互動中，祈禱總在我們最脆弱的時候起了關鍵作用。

黑立琍是我和太太生了兩個男孩後，家裡唯一的女孩，我們非常開心迎接她的到來。不過她兩、三個月的時候，不知道得了什麼皮膚病，一洗澡，整個澡盆都是身上掉下來的皮膚屑，把我和太太嚇壞了。糟糕的是我們帶她去看醫師，連醫師都說不出個所以然來，我們天天幫她塗藥膏都沒有用。實在束手無策的時候，因爲太太在一家天主教的醫院工作，於是我和太太每天下班後，就到教堂替黑立琍祈禱。

說也奇怪，黑立琍這個不知是過敏還是皮膚病的症狀慢慢就消失了，後來也沒有對她的健康造成任何影響。天下父母心，我們總是擔心孩子、爲孩子的一生焦慮，但有時候藉著祈禱，其實是將自己有限的力量與大自然的無限力量結合的最好方法。

⁂

黑立琍大學畢業就和先生Tim結婚，他們生了兩個男孩後，還想繼續懷孕，因爲她想生個女孩。這時，我和太太終於忍不住說：「生兩個就好了，帶孩子這麼辛苦，也不見得第三個就一定是女生啊？」結果黑立琍回我們一句：「那你們呢？你們幹嘛生四個？」讓我和太太啞口無言。

黑立琍還是懷孕了，而且眞的是女孩。不過有一天醫院突然緊急通知我們，因爲立琍懷第三胎時已經三十三歲，醫院做檢查的時候，發現小孩唐氏症的機率偏高。這個消息讓我們全家都陷入低潮。那時胎兒已經四個月左右，最後，我們決定爲黑立琍祈禱，不但請熟識的神父修女祈禱，還到臺南鹽水鎮的聖佳蘭隱修會，請終生在教會隱居服侍天主的修女幫立琍祈禱，一家人的心情就在忐忑不安中，等待下一次檢查的時間來臨。

直到立琍接受第二次的檢查，確認胎兒應該沒有問題，大家才放下心中的大石。等到寶寶出生，是個可愛的女孩兒，我們把黑立琍剛出生的照片拿出來對照，這個小寶寶簡直跟黑立琍小時候一個模樣，不禁讓我讚嘆生命的神奇與美好。

※

一般人認爲，家中的老么比較會嬌生慣養，但小兒子黑立行從小就很乖巧，一點都沒有恃寵而驕的樣子。幼稚園的時候，午睡時間他會幫老師準備作業材料，所

祈禱在我和立行之間，是我們共同的親密儀式。我們兩人一起為自己、為家人祈禱。透過祈禱，讓孩子臨危不亂、用平靜的心面對挑戰。

以老師們都說立行是幼稚園的寶。從小他就很有自信，而且對人開放而友愛，幾乎所有的人都說他好可愛，很喜歡跟他親近。

立行在美國念小學一年級的時候，因爲有疝氣必須開刀，當時太太百齡在臺灣，我一個人在美國念書，於是我帶立行到醫院住院，準備隔天開刀。當天晚上我聽完醫師的指示後，就先離開回家了，結果第二天早上我跟他見面的時候，立行說：「爸爸，你知不知道我昨天晚上哭了，因爲我還是很怕一個人睡覺。」稚嫩的臉龐讓我心疼不已。要進手術房前，立行躺在病床上，我和醫師一起推車，開刀前，我彎腰下來看他，那時他用小手抱著我，親了我一下，聲音雖然有一點變但沒有哭，後來他的病床往前移動時，我看到他趕快在胸口畫了一個十字架，祈求天主保佑他平安。我看他有些害怕卻虔誠祈禱的表情，眞的很感動。幫他推車的那個護士，也說很少看到一個六、七歲的小孩，這麼聽話懂事，開刀不但沒有哭鬧，還會祈求平安。

祈禱在我和立行之間，是我們共同的親密儀式。以前住在花園新城時，我每天會送立行到幼稚園，一路上都是山路，車子也很少，所以我開車時，他經常低頭、雙手合十，我們兩人一起爲自己、爲家人祈禱。或許這樣的祈禱習慣，讓他在緊張害怕或是面臨重大事件及抉擇時，會求助於信仰的力量。

透過祈禱，讓孩子臨危不亂、用平靜的心面對挑戰。我很高興能在立行幼年時期培養他祈禱的習慣，對他的ＥＱ也有很大幫助。

慢養，找回相信孩子的力量

以開放的方式和孩子們相處，不代表我對孩子的教養什麼都不做，完全放任。

舉例來說，一九八四年的奧運在洛杉磯舉行，孩子們不曉得哪來的消息，知道奧運的閉幕式在徵求高中生表演霹靂舞，他們就和鄰居的一個男孩一起去報名了。

那時候他們都沒有駕照，所以我們得花四十分鐘到一個小時在高速公路上開車，送他們到洛杉磯的一個運動場練舞，而練習常常到晚上十二點才結束，這樣的練習持續了三、四個月，我們就這樣天天接送。奧運閉幕的時候，電視轉播還眞的有他們表演霹靂舞的畫面，雖然只出現短短幾秒鐘，但全家都好興奮喔！我現在回想，那時還眞不知哪來的勁，可以這樣全然支持他們練霹靂舞，來回接送他們卻不以爲苦。

小兒子立行念六年級的時候，突然告訴我們，他迷上了潛水，那時他還不到規定的年齡，不過他自己跟教練不斷溝通，堅持自己想學，教練在測試他的反應後才答應，我們也決定支持他。潛水課程必須要有潛水衣、揹氧氣筒、戴頭盔的全身裝備，凌晨四、五點，天還沒亮就要開船出海練習。我們每天早上摸黑，睡眠不足地載著他到教練海邊的辦公室，教練先教他們在海底時用來求救、溝通等各種手勢，然後才正式下水。立行後來告訴我，其實當他在岸邊準備要潛水時，心裡還是有些害怕，但對我們能夠支持他參加潛水，他眞的非常開心。

＊

我們對孩子們的愛，不會因爲他們功課不好、行爲稍微有點凸槌而改變，每一個孩子的夢想和興趣，如果我們可以支持，就會儘量協助完成。黑立琍從小文筆就好，因爲表現傑出，老師邀請她參加新聞夏令營。第一年，家裡經濟狀況不好，不能讓她參加。第二年太太百齡認爲孩子有這個天分，老師也惜才，雖然家裡沒錢，但百齡決定先刷卡，讓立琍參加夏令營充分發揮她的潛能。

孩子們只要學校有活動，或是學業成績得獎受表揚，我們都會儘量到場，一起分享他們在臺上表演、得獎的喜悅。黑立言六年級的時候全家住在臺灣，我常會開車帶孩子們固定到四、五個孤兒院，孤兒院裡面有很多蒙古症及肌肉萎縮症的小朋友，孩子們可以決定自己要捐多少零用錢；說實話，這些有身心障礙的小朋友，連我看了有時都覺得心疼，但我希望孩子們可以透過和孤兒院小朋友的互動，付出愛心，同時理解世界上還有許多不同環境的人，應該更有同理心和包容心，也更知道感恩和惜福。

在小孩長大過程中，爸爸媽媽除了要求孩子讀書，應該也要和孩子們一起玩，支持孩子的作爲，以及讓孩子們學習分享、感恩及惜福的經驗。這些其實從孩子們青少年時期就可以開始。孩子們會聽父母的話，但他們更想看父母怎麼做，如果能一起參與孩子的活動，孩子的接受度會更高。我們都希望能夠教養孩子，卻忽略了父母以身作則其實非常重要。

✻

有了各式各樣的活動經驗，加上我們的支持和參與，四個孩子的包容力都非常高。有一次女兒立琍告訴我，她很開心自己的三個孩子能在新加坡成長，因爲新加坡各式各樣的人都有；有包著頭巾的印度人、有黑人、有白人，也有許多華人，對他們來說，各色人種早已見怪不怪。我這才發現，包容對孩子的成長非常重要。對不同的人能夠充分尊重，對孩子們後來是否快樂會有關鍵性的影響，甚至對整個社會、政治都有影響。

在臺灣，政治對立嚴重，我認爲每個人都可以有自己的政治理念，可是跟政治

我們對孩子們的愛，不會因為他們功課不好、行為稍微有點凸槌而改變，每一個孩子的夢想和興趣，如果我們可以支持，就會儘量協助完成。

理念不同的人在一起時，怎麼應對、用什麼態度都非常重要，像以前十字軍東征，也是因爲宗教理念不同引起的，如果每個孩子從小都能有包容心、都能尊重別人，或許這樣的衝突就會少一些。

※

我和太太結婚以來，搬了二十幾次家，每次搬家就會有不同的鄰居、學校、玩伴。搬家理由很多，可能是職務調動、買了房子等等，當然我們不是爲了讓孩子有不同環境一直搬家，但成長環境對孩子的影響卻是父母應該要注意的；讓他們多看不同的環境，開開眼界，對孩子的包容力有正面幫助。我覺得自己比較有創意、點子多，可能跟小時候成天在田野探索、奔跑玩耍有關。

四個孩子在不同時代長大，連他們自己都能感覺到彼此有些不同。例如老大黑立言對政治很感興趣，他在美國念書的時候，我從臺灣帶一本《新新聞》雜誌過去，黑立言就拿著雜誌拚命看，老二黑立國則一點都不想翻。立言一直保留對政治的興趣，其他在美國的華人小孩，不是念書就是玩，但立言很喜歡看新聞，在美國的時候我們訂《世界日報》，有一次看到臺灣政府要增加警察的權力，立言就會發表意見：「全世界的國家都在削減警察的權力，怎麼臺灣反倒增加？」另外像民進黨的發展啦、陳文成事件啦，他都有自己的看法，關心時事已經變成他的重要興趣。隔了很多年他們都長大了，兩兄弟一起長大，個性差很多，但絲毫不影響彼此的感情，我想這就是包容力最好的例子。

⁂

我對四個孩子處理感情及選擇婚姻對象的態度也是一樣。一個扶輪社的朋友談到兒子的女朋友，我問他：「你兒子和女朋友準備結婚了嗎？」我朋友說：「我如果不贊成的話，他絕對不敢結婚啦！」他那句話提醒了我，我仔細回想，其實我對四個孩子的感情和婚姻從來沒有表達過反對的意見，但必須誠實地說，我當然有自己的期待和想法，但一定要忍住！這點可能和我爸媽對待我們的方式也有關，因爲他們從來不管。

舉例來說，黑立國的太太是黑人和日本人的混血兒，年齡比黑立國大四歲，有過一次婚姻的經驗，是個很有個性的女人。剛開始我們和她的互動不是很好，而且人總是會有私心，覺得黑立國是個醫師，條件也很不錯，應該可以有更好的選擇。我也表達過不同意見，但儘量不要干涉；後來他們決定要結婚，我們也沒辦法，只能祝福。現在他們結婚二十多年了，婚姻非常幸福，畢竟孩子是跟另一半過一生，不是跟父母一輩子。其他的孩子也一樣，黑立琍從小就喜歡交男生朋友，男朋友一個換過一個，黑立言以前的女朋友有時候也和我們理想中的不同，但我們都沒有多說些什麼。

說實話，孩子們交往的對象和我們的想像都有差距，但結果都很好。我想這除了幸運外，也提醒了父母，應該要相信孩子自己的選擇！其實，孩子的十歲、二十歲甚至成家立業後，會有很大的不同，也許父母可以放輕鬆一點，不必急於一定要馬上有成果，因爲有的孩子成熟得快，有的較慢，孩子是慢慢養大的。

※

前幾年，臺灣興起一陣「慢活」風潮，其實教養孩子也要「慢養」：和孩子抱一抱、和孩子談一談、相信孩子、等待孩子，父母要轉向孩子，孩子要轉向父母，這樣的家庭是互相關心的，家庭才能爲孩子加分。

在這個過程中，不求一時的速度與效率，不以當下的表現評斷孩子，尊重每個孩子的差異；**慢養，可以讓父母找到相信孩子的力量，孩子可以發現最好的自己。**

寧願在孩子的起跑點幫他找到自己成長的力量，不要追求一時的方法而輸在起跑點；我們要和孩子一起贏在人生的終點，享受父母與孩子帶來的祝福。

孩子，我愛你

大家都看過麥克阿瑟給兒子的祈禱文，文中表現的父子情深令人動容，現在的父母也可以做類似的事情：**給孩子們寫信，與他們溝通**。我一個人在臺灣的時候，常常很思念孩子們，所以每隔一段時間，我就會分別寫信給他們，這些信對孩子也有一定的影響。

⁂

美國有一位帶青少年夏令營的輔導員，在新生報到時，發現有個名叫大衛的少年特別害羞，常常問他好幾句話，他才回答一句。當下這個輔導員告訴自己，要特別照顧這個害羞的小孩，所以他經常會注意大衛是不是落單，有沒有參與活動。夏令營的最後一天，有告別舞會，所有小朋友和老師一起唱歌、跳扭扭舞、迪斯可，輔導員發現大衛一個人坐在落地窗的大樹旁，就立刻把他帶進來和大家同歡，結果他玩得很開心。

夏令營結束後，隔了一兩年，有天晚上十二點多。這位輔導員突然接到一通電話，是一位媽媽打來的，媽媽說：「你還記得一位叫大衛的小朋友嗎？」輔導員說當然記得，原來大衛出車禍過世了，但他的媽媽說，自從大衛參加夏令營後就變成另外一個人，不但功課變好，臉上也常常有笑容，還開始交女朋友約會。媽媽非常謝謝輔導員付出的愛心，讓害羞的大衛有了一段美好的時光，媽媽還說，她很高興大衛在走之前曾經那麼快樂過。這個輔導員沒想到自己多一點的關心和愛，竟然對一個孩子產生了這麼大的影響。

有些父母常幫孩子買很多漂亮的衣服、很貴的玩具，給他讀最好的學校，上下學有司機接送，但其實這些都比不上父母給孩子一兩句關懷的話來得寶貴。

※

我在上海為幾十位的公司總裁上卡內基訓練，學員全都是企業集團的總裁、董事長。第一天的課程講到「態度」，我要求他們彼此練習寫尊重卡，卡片上有人名，然後必須寫上你尊重他的理由，還要在對方面前說出來，說完彼此握手，才算完成整個練習。下課後的作業，則是要求他們一人帶兩張卡片回家練習。

其中有位總裁，把這兩張卡片寫給他兩位讀中學的兒子，結果其中一位兒子竟然告訴他：「爸爸，這是我長這麼大，第一次感受到父愛。」這位總裁感慨萬千地說，他給小孩這麼多零用錢，出入有車子接送，讓他們讀國際學校，但孩子們第一次感受到的父愛，卻是他用一分鐘不到所寫的卡片。

和孩子們用寫信溝通、以家書傳情是我們親子情感交流的方式之一。二〇〇五年，黑立行的產品在中國大陸生產，我去幫忙，也寫了信鼓勵他，立行忙完後，回了封信給我：「謝謝你寫給我的信，我眞的覺得有你這個老爸非常幸運；謝謝你的支持和指導，你的愛也給我很大的信心和鼓勵，我自己也快要當爸爸，希望以後我也能和你一樣，做孩子的好榜樣。」

※

看著以前圍繞在身邊蹦蹦跳跳的孩子們，現在一個個自己也當了爸爸媽媽，那種世代傳承的感受非常深刻。**偶爾，我拿起這些孩子們寫的家書，字裡行間，和孩子們當時互動的情緒會躍然紙上，深刻而眞實。**

時光流逝，猛一回頭，孩子們都已經爲人父母。在感嘆生命的奇妙之餘，我也喜歡開開他們的玩笑，四個孩子也都結婚多年，近年來親戚朋友聚在一起，總會聊聊他們的婚姻狀況，我說我們家這三個男孩，都很怕太太，連女兒立琍都把老公Tim吃得死死的。

我們對另一半、對父母，都應該試著表達自己的情感，有時候不習慣直接說，但可以先練習。包括我在內，很多父母親說不出「你很棒」或「我愛你」。

另外有回全家到夏威夷參加婚禮，大家還糗小兒子黑立行，說他那兩天從早到晚，不敢離開老婆三步以上，可見媳婦們眞的個個馭夫有術。每次大家在糗這幾個小孩的時候，小孩也會回敬我說：「我們這麼怕太太，還不是你立的榜樣。」

我們對另一半、對父母，都應該試著表達自己的情感，有時候不習慣直接說，但可以先練習。包括我在內，很多父母親說不出「你很棒」或「我愛你」的話。像我女兒立琍就會覺得我和太太很奇怪，爲什麼不能很自然地跟他們說：「我愛你。」每次我太太住新加坡女兒家，三個小朋友睡覺前就會到婆婆房間說：「婆婆，晚安，我愛妳。」然後給我太太一個很響亮的親吻後才去睡覺，我女兒就常抱怨：「媽媽，你老是忘了跟三個孫子說我愛你。」

說實話，我自己到現在也都還不習慣說出我愛你。我曾經用別的方式，例如用寫信跟他們說我很愛他們，心裡雖然滿腔的愛，但要當面說出口，還是覺得有點彆扭害羞。只能說，下一代比我們更有福氣，能夠更直接坦承地表達自己的情感。

和孩子一起做最喜歡的事

很多人說我的脾氣好，跟小孩互動時會像平輩一樣，其實我對他們也會發脾氣，只是後來改進不少，這是我自己比較慶幸的一點。

四個孩子的青少年期，家裡是一場糊塗。孩子天天早上不起床，我和太太怎麼推、怎麼叫就是沒用，更離譜的是他們連站著穿衣服也會睡著。平常家裡迪斯可音樂震天響，吵得我和太太快耳聾；老大的功課平平，老二則總是班上倒數幾名，老三女兒從小愛漂亮，帶回來的男朋友我們一個都不喜歡，總覺得這些男生看了都討厭，想把他們趕出去。

那時候家裡常充斥著我和百齡大呼小叫的聲音：「還不快去睡覺！洗澡囉！」

罵小孩都罵出了順口溜：「晚上不睡覺，早上不起床，你們還想要怎樣！」不過這些方法還是一點用都沒有。

直到我和太太去上卡內基訓練，講師要我們每人訂一個承諾，選一個對象來付出關心，我們訂的目標當然就是四個小孩。講師接著又問：「那你們具體的做法是什麼？」這可考倒我，只好說不知道。於是卡內基講師問：「你的小孩最喜歡什麼？」我想了想：「他們最喜歡迪斯可。」講師問：「那你能不能學著去欣賞迪斯可？」我想這應該沒問題，於是我試著跟孩子一起去跳。哇！那音樂眞的好大聲、好吵，我一直告訴自己，一定要忍耐、一定要忍耐，說也奇怪，聽迪斯可的次數一多，好像也就沒那麼難聽，甚至慢慢開始有點喜歡。

那個年代的ＤＪ都是用手扭唱片來做音效，偶爾我也會跟他們一起去跳舞，就這樣和孩子們一起扭啊扭的，也是個很好的運動方式。一開始跳迪斯可純粹爲了陪孩子，做夢也沒想到，後來有一次我跟我太太兩個人到峇里島度假，只有我們兩人，住的Villa裡頭沒電視，也沒電話、報紙，兩個人大眼瞪小眼覺得無聊，乾脆半夜溜出去到迪斯可跳舞。哈哈，想起來也覺得很有趣。

其實父母沒必要把和小孩一起做他們喜歡的活動當成一個苦差事，有時候你會發現也挺有樂趣的。我偶爾想，如果我也是個傳統的父母，只會要求他們寫功課的話，我有百分之百的把握，四個小孩絕對不會是現在這個模樣。

我最欣賞四個孩子的好個性及善良的心。有一次帶孩子們去看棒球，最小的兒子黑立行才幼稚園大班，好動的他會靠著欄杆，走過去擁抱其他小朋友，雖然被抱的小朋友有點嚇一跳，但在小兒子黑立行的眼中，他覺得這是個愛的世界，所以他很輕易可以去擁抱、關愛別人。至少這點我做不到，他的哥哥們也做不到。有次參加活動，坐我旁邊有兩個女生看到立行很可愛，就過去問他：「小弟弟你叫什麼名字？幾歲？」而立行也很快跟她們熟稔起來。想想看，**有多少小孩對陌生人感到害怕、恐懼，但如果能讓孩子們從小覺得這是個愛的世界，該有多好。**

卡內基講師問：「你的小孩最喜歡什麼？」我想了想：「他們最喜歡迪斯可。」講師問：「那你能不能學著去欣賞迪斯可？」

✻

美國卡內基有位在學校教書的兼任講師跟我說過一個故事。小布希還是州長的時候，老布希和柯林頓選輸掉了，他們班上有位小朋友就是小布希的女兒，那個小朋友常常帶著笑容，是非常友愛的個性。

選舉結果公布的時候，老布希輸了，午餐時間就有很多人圍著那位小朋友揶揄她：「妳的爺爺輸掉了，妳的爺爺輸掉了。」老師看到這個情形，覺得小朋友很不應該，正準備出面干預的時候，沒想到小女孩不但不生氣，還跟嘲笑她的同學說：「對，我爺爺輸了，但我相信柯林頓也會是位很好的總統！」我聽了非常感動，這個孩子的爸媽在孩子面前一定言行一致。雖然柯林頓是老布希的對手，但也沒有口出惡言，否則孩子不會有這樣的反應。在這種教養環境中長大的孩子，我想一定會是個保持客觀、中立，有獨立人格的人。衷心希望我的孩子也是。

孩子不是父母的複製品

教養小孩眞是知易行難。也許你在書店可以買到十本、二十本怎麼教養高EQ孩子的書，但自己做起來，完全不是那麼一回事。

我在二〇〇六年二月號的《國家地理雜誌》看到關於「愛情」的專題報導很有感觸。有位即將結婚的新娘，希望每個來參加婚禮的朋友都能給她一個建議，告訴她怎麼經營美滿的婚姻？婚後要如何才能幸福？

雖然文章裡頭沒有寫最後新娘得到什麼建議，但我自己開始想像，或許這位新娘打開信封，看到朋友給她的建議，她最大的感慨可能是：你們每個人怎麼說的都跟做的都不一樣。當父母的也有同樣的感覺，我們可能買了很多教養小孩的書回來，但當自己要教養小孩的時候，卻完全不是那麼回事。教養小孩其實和經營婚姻非常類似，結婚前覺得另一半跟自己個性不同，可以有互補作用，非常好；結了婚以後想法變了，都希望改變對方，讓對方跟我們一樣。動不動爲了摺棉被、擠牙膏的小事就可以吵翻天，甚至決定要離婚。

※

陳之藩有篇文章寫道，美國和歐洲的教育家聚在一起，歐洲教育家認爲美國的教育就像是在挖礦。把孩子切、割、磨，變成一顆寶石，就像許多拿到諾貝爾獎的傑出學者一樣。而歐洲的教育就像種花，教育人員做的是澆水、加肥料，讓種子變成它本來的樣子，無論是玫瑰、康乃馨、山茶花，他們都會細心呵護，讓每一株花朵都有自己獨特的模樣。這讓我想到臺灣的教育，不是挖礦也不是種花，而是塑膠工廠裡頭的模型，要求個個都一模一樣。

教養小孩，學校雖然有責任，但父母的責任更爲重大。很多父母希望自己的小孩跟別的小孩一樣，或是希望自己的小孩和自己當年一樣；我發現當我對孩子發脾氣的時候，往往是生氣他們沒有照我的話做，沒有跟我一樣。這就是「說起來容易、做起來難」的典型例子。**如果我們可以尊重每一個小孩，像種花一樣讓他們自然長大，尊重小孩、不要讓他們成爲自己或別人的複製品，那父母也應該很欣慰了。**

※

媒體曾經有份調查報告指出，西方小孩比較有自信，因爲他們的獨特性受到尊重，也因爲父母採用鼓勵及讚美的教養方式。

十幾年前，我在溫哥華遇到當地卡內基訓練的負責人，他說自己八、九歲時，爸爸常常會問他很多問題，凡事都會徵詢他的意見，例如爸爸會問他：「我們搬到這裡來住好不好？我來這個教堂當牧師你覺得怎麼樣？」他現在回想，一個八、九

臺灣的教育，不是挖礦也不是種花，而是塑膠工廠裡頭的模型，要求個個都一模一樣。教養小孩，學校雖然有責任，但父母的責任更為重大。

歲的小孩根本不懂事，爸爸問他問題、徵詢他的意見，不見得是要他的答案，而是希望他能多思考，長大後成爲一個有思考力的人。

反觀在臺灣，父母總是直接命令小孩：「你去做功課！」「你不能看電視！」「趕快洗澡！」「不要再上網了！」如果我們可以把命令句多改成一些問題，如果孩子老是黏在電視機前，或許可以這麼跟他溝通：「我們吃飯要選營養的食物，你現在已經看一小時電視了，你覺得什麼電視節目是營養的呢？你覺得你應該看哪些頻道呢？」

再舉例來說，父母常叫孩子趕快吃飯，孩子覺得很奇怪，爲什麼要叫我趕快吃飯？其實父母心裡眞正希望小孩趕快吃完飯，他們就可以趕快洗碗；但如果換個方式，如同我們進行卡內基訓練時，會問孩子們以後想要成爲什麼樣的人？有個孩子說，他想變成籃球職業選手，我們會問他：「好，變成籃球職業選手要什麼條件呢？」孩子回答：「身體要強壯，要長得高。」怎樣才能身體強壯、長得高呢？那就是趕快吃飯囉！

所以，問孩子問題可以幫助他們思考，引導他們找到對的答案，如果可以給孩子多一些思考空間，親子互動關係也會完全不同。

衝突時用幽默的方式化解

在陪伴四個孩子成長的過程中，我們經常全家一起看當年最流行的《天才老爹》[1]影集。太太告訴我說，孩子們總會一邊看一邊指著電視機笑說：「這個天才老爹跟爸爸好像！」我覺得這是我一生收到最好的讚美。這代表我在小孩心目中的樣子跟寇斯比（Bill Cosby）一樣，是可以跟他們一起耍寶，一起平起平坐、開玩笑的朋友，而不是個教官、主管或導師。

有一次，天才老爹的二女兒丹妮絲高中畢業要申請大學。黑人爸爸寇斯比是賓州大學的校友，很希望女兒念他的母校，但在丹妮絲選校過程中，他又得充分尊重女兒的意見，複雜交錯的情緒產生很多趣味點；丹妮絲寄了十多封申請信出去給各個學校，在等待回覆的過程中，天才老爹會拐彎抹角暗示女兒，女兒也存心逗他，只要一談到選校的話題，就假裝聽不懂。

有一天吃早餐的時候，丹妮絲宣布她選的十多所學校，故意把賓州大學放在最後一個，讓老爸緊張一下又鬆了口氣；隔了幾天，也是早餐時間，丹妮絲要公布自己的決定，只見天才老爹魂不守舍，非常緊張，一直把奶油往麵包上頭抹，令人啼笑皆非。最後丹妮絲說：「我最後選擇的學校是：賓州大學！」只見本來還故做鎮定的天才老爹瞬間把手上的東西全都扔了，衝過去抱著女兒，又親又吻地開心得不得了。

我那時就在想，在這樣家庭長大的孩子，一定從父親的表現中學到：**縱使每個人都有自己的喜好，但也絕不會強加在別人身上，而是充分尊重別人的想法。**但在

1 《天才老爹》（The Cosby Show），一九八四年的一部美國電視情景喜劇，由比爾．寇斯比（Bill Cosby）主演。描述一個住在紐約市布魯克林區的中產階級黑人家庭發生的趣事。

在臺灣，很多父母會一味要求子女：「你一定要考上臺大！」不明就裡地下命令，卻不告訴孩子為什麼。

臺灣，很多父母就會一味要求子女：「你一定要考上臺大！」不明就裡地下命令，卻不告訴孩子為什麼。

※

我還記得有一集是在談父母和孩子的互動。天才老爹有一天坐在沙發上，念中學、正值反叛期的兒子回來了。天才老爹跟兒子說：「這個週六我要請你的數學老師到家裡來吃飯。」沒想到兒子一聽生氣了，跟爸爸說：「你怎麼可以沒有經過我的同意，就隨便請我的老師吃飯！」換成是臺灣傳統的父親可能已經生氣了，只見天才老爹笑笑地拿起茶几上厚厚的一疊信件說：「這是水電費、這是電話費、這是房貸……上面寫的全都是我的名字，所以我要請誰到家裡來吃飯，應該不用得到你同意吧？」這麼一說，爸爸笑了，兒子也笑了。天才老爹用這種方式取代一般父母可能會有的反應，例如：「你有沒有搞錯，這個家誰做主啊！」或是「你這個大逆不道的不孝子！」

天才老爹用幽默的方式，不但獲得孩子的認同，也解決父子間可能發生的衝突。在卡內基的訓練中同樣也提到，如果要獲得別人的認同，「戲劇化的說明」是個很好的方式，這也和天才老爹處理衝突的方法相當雷同。

製造全家相處在一起的機會

全家一起開家庭會議，是我最珍惜的時光。有時有具體的事情要討論、有時沒有，就是單純全家人一起聊聊天，地點可以在飯桌、在家裡席地而坐。

住在新店花園新城的時候，我們的家庭會議總是移師到公園或社區的噴水池旁。當我考慮轉換跑道，離開休斯飛機公司、回臺灣到光啓社時，在噴水池邊的家庭會議中，我問太太及孩子們：「我想換工作到光啓社，你們說好不好？」我請他們每個人都發表意見，最小的兒子立行那時候才大班，但一樣有發言權。多年後他們長大成年，都還記得曾經全家一起在噴水池旁開會，討論爸爸是否換工作的話題。

其實當年要放棄飛機公司的工作回臺灣光啓社，兩個工作的性質、薪水差距都很大，所以開家庭會議，除了徵詢家人的意見，很大的因素也是希望藉此紓解一下心理壓力。

我們開家庭會議的方式很多元。有一回我看一份英文資料裡頭提到，開燭光家庭會議的效果比較好，所以偶爾我們就會點蠟燭來增加氣氛：我們也曾玩過遊戲，讓每個人只能用一個字來描述對彼此的感覺。在這過程中你會非常驚訝，別以爲孩子年紀小，什麼都不懂，天眞無邪的小朋友觀察力往往是非常敏銳而正確的。例如有一次，小兒子黑立行就用一個字形容姊姊黑立琍，他說姊姊是「變」，他這個字一說出來，全家都拍案叫絕。立琍很聰明，雖然她的聰明沒有用在讀書上，但她的反應快，則是全家公認的。立琍點子多，黑立行經常應接不暇，所以他說出「變」時，大家都覺得一針見血、非常精準。

※

父母和孩子們的相處，除了家庭會議外，和他們有共同的嗜好，例如一起運動，像打籃球、打乒乓球，或是年輕人最瘋的網路遊戲或是打電動玩具等，都是很好的方法。**儘量讓動態的互動多一些，不要只是和孩子一起看電視，都能增加親子間的親密感。**

我自己初中因爲沒有考取學校，只能念農校，沒有升學壓力，一天到晚打乒乓球、撞球、籃球，不然就是成天看小說、看報紙，當其他人要升學，沒時間做這些事的時候，我則享受了一段充滿活力的時光。所以我們住在美國的時候，車庫擺了一個乒乓球桌，孩子們和我打球，從來打不贏我。他們很愛打乒乓球，但只要我一上場，就將他們殺得片甲不留。他們覺得很奇怪，爸爸怎麼這麼會打乒乓球？我總是開玩笑地告訴他們，其實我是用青春換來的，因爲我都沒在讀書啊，是打乒乓球長大的。

籃球也是另一個我很喜愛的運動。我和孩子們一起打籃球，雖然年紀比他們大得多，一轉身還會不小心摔倒，但我三步上籃啦、投籃等基本動作仍非常不錯，也讓孩子們相當驚訝。

另外，我也很喜歡帶孩子們一起到外面餐館吃飯。太太曾經問過我：「幹嘛不在家裡吃飯就好了，老是愛上館子？」其實這是另一種爭取和孩子互動的方法，因爲上館子吃飯，就等於是全家人一定要坐在一塊吃飯談話，大夥兒不能亂跑，所以我通常會在吃飯的時候，和孩子們談談話，而且每個人都有輪流講話的機會，也是增加全家人感情的好方法。

我們開家庭會議的方式很多元。在這過程中你會非常驚訝，別以為孩子年紀小，什麼都不懂，天真無邪的小朋友觀察力往往是非常敏銳而正確的。

說話時請看著孩子的眼睛

現在的家庭常常因爲夫妻兩人都是上班族，回到家時間都晚了，孩子忙著做功課，父母也要處理家務，天天這樣早出晚歸，親子相處的時間都很少，偶爾週末大家才一起出去郊外走走。但我建議父母，無論你和孩子是一起到郊外爬山、釣魚，最好都能多安排一些時間，找機會和孩子坐下來聊天、談心，這才是最寶貴且重要的。

在卡內基訓練中有個溝通的工具叫「心談」。心談的技巧是只問問題，不講道理、不分析，只有完全的傾聽，跟我們平日的人際互動溝通完全不同。有一次我跟女兒心談，我問女兒：「妳從小到大，最有挫折感的是什麼事情？」結果女兒竟然回答：「我跟你講話最有挫折感。」我嚇了一跳，心想，怎麼女兒跟老爸講話會最有挫折感呢？於是趕緊問她：「爲什麼妳跟我講話最有挫折感？」女兒說：「因爲小時候每次跟你講話的時候，你的眼睛都沒有看著我。」

事實上，**當小孩跟我們講話的時候，我們有沒有專注聽，或是眼神有沒有和他們接觸，對年紀很小的小孩已經產生影響**。要不是黑立琍告訴我，這是我當時完全沒有想到的事情。父母必須要注意的是，當小孩跟我們講話，我們雖然聽到了，卻沒有停止看報紙、做家事、看電視等等動作，在這個同時，我們其實正在傳遞一個錯誤的訊息給小孩：「爸爸媽媽對我根本不感興趣，我說的話他們根本懶得聽，甚至我在爸媽的心目中一點都不重要。」事實上，父母的心中可能完全沒有這個意思，只是無意的行爲，但小孩接收到的訊息卻是負面的，必須要特別注意。

黑立琍跟我很像的一點是，她非常希望獲得別人的注意力，不知道是不是因爲我和她講話時沒有看著她的眼睛所造成的挫折感。而她從小學五年級就開始化妝、

大多數的父母可能作夢都沒想到，講話時看著孩子的眼睛會這麼重要。像我女兒在這麼多年後還記得這件事，可見小小的動作，影響卻非常深遠。

打扮，小小年紀就每天花兩個小時夾睫毛、打粉底、畫眼影等等，除了愛漂亮的因素外，也許是要獲得更多的注意力。

仔細回想，當我在跟別人或客戶講話的時候，對方如果沒有看我，我也覺得好有挫折感。例如有一次我向李國鼎先生做簡報，我還記得那時候他坐在一張U字型的大桌子，在我簡報過程中，他從頭到尾都沒有抬頭，一直在看其他人臨時給他的一本雜誌。我簡報完了，他也沒有反應，會議就這樣草草結束。這也是我一生中很大的挫折，但我並沒有機會告訴他。李國鼎先生對臺灣有很大的貢獻，我非常敬佩。當時我想，如果他能知道自己這個習慣會讓人不舒服的話，就更好了。

如同女兒告訴我，才讓我自己覺醒一樣，大多數的父母可能作夢都沒想到，講話時看著孩子的眼睛會這麼重要。像我女兒在這麼多年後還記得這件事，可見小小的動作，影響卻非常深遠。

別讓無心的話造成傷害

在和孩子相處的過程中，我們可能對孩子造成傷害卻不自知。

幾年前，我到美國開會，順道去西雅圖看老二黑立國和三個小孫子，因爲回臺灣的飛機是半夜兩、三點，我就跟立國說，我們到二十四小時的賭場殺殺時間吧。

本來我想自己待在賭場裡頭，再自己坐車到機場，讓立國先回家休息，沒想到他跟著下車，表情有點嚴肅地說：「我們到咖啡廳坐坐好了。」一坐下來，他就告訴我：「我經過很長的思考，我原諒你了！」那時我愣了一下，有些錯愕，也忘了當時自己到底說了什麼。

如果照我爸爸那種大男人個性，他早就生氣了，天底下哪有「兒子原諒老子」

的道理，不先破口大罵一頓才怪。但我愣了一會兒，靜下心來聽聽立國要說些什麼。他說他前一陣子非常生氣，對我很失望。因為他和太太生第一個小孩後，一直想要生第二個，讓孩子有個伴，但老是無法如願，眼看太太快四十歲，已經是不適合生產的高齡產婦，於是他們想要到柬埔寨領養一個小孩，這件事情聯繫了一段時間，我都不知道。直到後來太太百齡告訴我，我才知道他們有這個計畫。

那天立國打電話回家，我接起電話劈頭就說：「哎呀，不要啦，領養什麼小孩，已經有一個小孩就好了，而且你們夫妻兩個工作已經這麼辛苦，你又愛打球，哪有時間再多照顧一個小孩！」我自顧自地念了他一頓後，他不出聲，也沒講話，後來才說：「我要做的事情你憑什麼反對，我已經三十多歲了，這是我自己的生活，你沒有權力管！」這時我只好告訴他，如果你堅持要領養，我也沒辦法。

立國接著又反問：「當年婆婆也反對媽媽嫁給你，你不生氣嗎？人家這樣不贊同你，你不難過嗎？」我趁機告訴他：「我是真的不氣，如果我是婆婆我會反對媽媽嫁給我，好好一個女孩子為什麼要嫁給生活貧窮的軍人？」立國大概覺得辯不過我，乾脆又不講話了。不過他們仍是繼續堅持領養小孩的計畫，因為太太百齡是學醫的，所以由媽媽陪著立國夫妻去。我本來以為既然他們已經去領養，父子間的衝突應該沒事了，沒想到立國心裡的結仍在那兒……。

⁂

因為相對於已開發國家，柬埔寨仍是個比較沒那麼進步的地方，只有一間五星級旅館，出發前還得吃很多預防傳染病的藥。等他們終於到了孤兒院領養小baby，baby的簽證竟然出了問題沒辦法到美國，那個時候我告訴他，既然baby拿不到簽證，那就先送回孤兒院，等到簽證發下來，再馬上回去把孩子帶回家。沒想到這句話惹得立國更生氣了，他說：「你怎麼可以說這句話，怎麼可以把小孩子送回孤兒院去！我既然已經把她領養出來。她就是我的女兒，哪一個父親可以把女兒送回孤兒院？」

很多親子間互動的細節，一些無心的話，可能在不知不覺中就造成傷害。

這個事件給我好幾個衝擊。很多親子間互動的細節，一些無心的話，可能在不知不覺中就造成傷害，父母在教養孩子過程中，應該針對不同的年齡、環境、事情，要有不同的溝通方式；孩子三十多歲了，我們卻忘了他已經是個有獨立人格的大人，做父母的有什麼資格要求他，一定得照我的意思來做呢？雖然在這樣的過程中，我心裡有一點不舒服，但對孩子的尊重，必須隨著他們的成長而調整，只有一套標準是不行的。

第二個衝擊是我眞的沒想到他這麼有愛心，自己當醫師已經這麼忙碌、這麼辛苦，他卻還願意去領養小孩。其實我想想也覺得非常欣慰，如果他已經這麼忙碌卻還願意爲孩子付出，想必他對他的病人一定也是無怨無悔地付出。

人生眞的很奇妙。在從柬埔寨領養第二個女兒後，立國的太太竟然又自然懷孕了。那時候大家都很擔心立國太太已經是高齡產婦，生下唐氏症兒童的機率大增，但立國自己當醫師，卻堅持不讓太太做羊膜穿刺，也鼓勵哥哥立言生孩子的時候不要做，因為他說羊膜穿刺有可能對小孩造成傷害。他當時說：「我已經決定，就算這孩子生下來是一個智能有障礙的孩子，我也會養育他長大。」這句話讓我至今都非常感動！

鼓勵是孩子最佳的動力

黑立國出生的時候，是我們生活最窮苦、最慘的年代，他出生在三軍總醫院的大產房裡，醫院還因爲產婦太多，不讓百齡休息太久，馬上就要求她出院，所幸這段比較困苦的童年，沒有讓立國變成憤世嫉俗的小孩，他在成長過程中仍然相當開心。

我們常說，立國小時候是那種頭腦簡單、四肢發達的孩子，非常好動，在美國時我們養了隻好大的聖伯納犬，幫狗洗澡、帶狗出去散步都是他一手包辦，家裡的一些粗活，像要鋸東西、搬樹、除草也全都是他自願幫忙。

立國也是家中的冒險家，他喜歡騎自行車、也參加過好幾屆馬拉松比賽，只要他參加比賽，我們一家人就在路邊幫他吶喊加油，高中時還當上摔角隊長。他這些冒險家的個性，其實從我們住在新店花園新城的時候，就可以窺見一二。

花園新城是個大社區，有自己的社區巴士，如果從社區入口走路，得要走一大段路才能到家，別的孩子可能都直接回家，但立國的每一天卻都像一場探險的旅程。今天抓了金龜子、明天帶了隻甲蟲、後天手上又抓了隻小烏龜，這些各式各樣的小動物還有自己的名字，什麼羅蘭飛彈[2]、坦克啦！非常有趣。不然就是突然在回家路上的山邊，採了個香瓜或是水果回來。花園新城當年因爲規劃很多自然綠地相當聞名，很多民眾還特地跑來這兒的野溪游泳、玩耍，對好動的立國來說，這兒簡直就是爲他量身打造的樂園。我們住在半山腰，他常常拿個滑板，就一溜煙從家裡滑到山底下，每次媽媽想買東西，他馬上就自願出門，又拿著滑板滑下去。

2 羅蘭飛彈（Roland）爲一短程防空系統，由歐洲飛彈公司（隸屬EADS集團）於一九六四年開始研製，用於攔截中、低空敵機。

教練肯定的讚美，對立國產生很大的激勵作用，因為他想要活出他在教練心中的樣子。

教養孩子眞的就像花圃裡頭有不同的花，父母如果沒有這樣的認知，可能會被不同個性的孩子給氣死。立國從小好動愛玩，心思都不在功課上，所以成績一直很差，但偏偏又很好強、好勝，脾氣也不太好，我有時候跟他打乒乓球，他接不到球或被我殺球，都好生氣，甚至還會瞪我。他的奶奶總是提醒我，難道小孩沒有自己的個性嗎？這就是立國的個性。

像立國這樣有個性的孩子，如果在臺灣接受一般傳統教育的話，我可以肯定他百分之一百考不上任何大學，也有可能是不良少年。他在國一的時候到美國去念書，剛開始個性還是沒改，照樣天天玩耍、天天混，功課也不好，不讀書，還忙著交女朋友，只有霹靂舞跳得最好，直到高二遇到了改變他一生的摔角教練……。

立國人生的轉捩點是從加入摔角隊開始。摔角隊裡頭很多功課很差，甚至每科都不及格的同學，那時候教練跟這些摔角隊員說，學校有個規定，參加摔角隊平均成績至少要有B⁻才可以。功課比較不好的隊員紛紛反彈說大家功課都很差，怎麼可能拿到B⁻。這時教練就說：「為什麼Thomas（立國）可以做到，你們就做不到呢？」教練這個肯定的讚美，對立國產生很大的激勵作用，因為他想要活出他在教練心中的樣子。

之後，立國開始讀書了，這也改變了他的一生，讓他不僅僅是高中的摔角隊長，也成為了一位醫師。

支持孩子完成夢想

黑立國的人生很精采，有夢想就努力去實現，也做了很多一般人眼中覺得瘋狂的事！

讀大學期間，他學吹薩克斯風。回臺灣度假的時候他把薩克斯風帶回來，有一天他突發奇想穿得破破爛爛的，跑去臺大羅斯福路的地下道，放了個帽子在地上，竟然就擺攤當起吹薩克斯風的街頭藝人。路過的行人還有人眞的給錢，那一天帽子裡加起來有九十幾元，雖然賺的錢連一百元都不到，可是他還是開心得不得了。

這件事他並沒有告訴我，還是別人來跟我說的。我沒有罵他、也忍住沒講話，私下我就去問女兒黑立琍，問她知不知道黑立國爲什麼想到地下道吹薩克斯風？是不是有什麼特別的理由？結果立琍的回答很有意思，她說：「他不需要有理由才去地下道吹薩克斯風啊！」

我曾經寫過文章提到，黑立國當街頭藝人時，我曾請他思考，「大家都以爲他是流浪的街頭藝人，如果知道他是黑幼龍的兒子，會有什麼想法？」但黑立琍的回答，我仔細想想也有道理。像黑立國這樣，想到什麼就去做，一點都不遲疑，也令人非常羨慕。不像我們可能年輕歲月都已經過了，之後想起來有些夢想沒能去完成，白髮時只能徒呼負負，所以對黑立國率性的行爲也就能夠接受了。

黑立國在臺灣幾年的讀書過程中，功課都非常差，老是班上倒數幾名，只有棒球打得不錯，還曾經甄選榮工棒球隊，我和太太對他學業幾乎完全放任。我們沒有要求他要去補習、也不看他的作業、更對他不抱任何期望。我和太太甚至覺得，就算他以後長大要去當木匠，只要有一份正當的工作，也沒什麼不好，只是萬萬沒想到，黑立國後來竟然念醫學院當了醫師。

像黑立國這樣，想到什麼就去做，一點都不遲疑。不像我們可能年輕歲月都已經過了，之後想起來有些夢想沒能去完成，白髮時只能徒呼負負。

立國從小調皮搗蛋，挨罵的次數自然比其他孩子多，但我們對他的愛從來沒有減少，所以雖然哥哥、弟弟、妹妹功課都不錯，但他不會因為功課不好被歧視，我們對待四個孩子的愛是一樣的。

其實我到現在還覺得，黑立國能有今天，太太說是天主保佑，我自己也覺得像個奇蹟。如果在他的教養過程中，我們只要走歪了一點點，他會變成什麼樣子，我們真的都很難想像。

「讚美」是把魔法棒

記得住在美國時有個鄰居，在兒子溜滑板時經過我們面前時對我說：「這傢伙眞棒！讓我引以為榮！」我知道他是故意說給兒子聽的，因爲他的兒子剛通過童子軍的甄試，所以他就當著我的面來讚美兒子。這讓我心裡非常感慨，因爲我雖然很希望也能這樣對待自己的孩子，但比起我的媽媽、比起這位外國鄰居，我眞的還做得不夠多，做得不夠好。

有一年，立國的一個同學住在阿拉斯加，他的父親在當地當醫師，所以暑假就約立國和剛上大學的立行去那裡玩。這趟旅遊對兩兄弟來說是很棒的經驗。因爲他們到好多一般觀光客不會去的地方。這位同學的爸爸帶著他們四處探索、釣魚，還告訴他們阿拉斯加有種特別的老鷹，一次只會生三個蛋，但存活率不高，所以他們會協助孵化等精采的故事。

在這趟旅行結束，立國和立行準備回家時，同學的爸爸把他們叫來，說：「你們回去跟父母說，他們很會教養小孩。」兩兄弟回來也真的跟我說了，那時我真的覺得很棒。雖然他是要孩子傳話給我，事實上卻是利用機會讚美我的小孩，如果是我的話，可能就想不到這樣做，所以做父母的其實還有好多地方可以努力。

老大立言從小學一年級開始就很喜歡寫作，文筆非常好，國小的時候學校有「提早寫作」，教室後面布告欄貼的佳作文章，督學會定期來學校表揚，光他一個人的作品就占了七、八篇。在美國念國中二年級的時候，立言寫了篇批評臺灣教育制度的文章，投稿到《中國時報》，內容鏗鏘有力，結果刊登出來了，很多人看到還以爲是我幫他捉刀代寫的。

那天在家裡我就當玩笑話說給大家聽，只有我媽媽不動聲色看完黑立言的那篇文章後，眼睛抬也不抬冷冷地說：「屁！還你捉刀呢，你根本沒寫得這麼好。」當時黑立言也在場，奶奶的這個讚美對他來說是很大的鼓勵，對孩子的自信更有具體的幫助。後來黑立言投入卡內基訓練，在分享或演講的時候，都會提到當年奶奶說的這句話，因爲奶奶的鼓勵和讚美對他有很大的影響。到今天他也總是認爲，只要自己再下點功夫，就可以成爲一個作家。這成了黑立言的一個夢想。

※

讚美，眞的可以鼓勵並且激發一個人的潛力，不但可以讓他把工作完成，甚至做得更好，這可是千眞萬確的。我在六、七歲剛懂事的時候，爸爸擔任空軍基地的電臺臺長，是整個空軍基地官階最大的軍官，那時候只有他有吉普車，車子開到街

讚美是老師和父母手中擁有的「魔法棒」。只要跟孩子說：「哇，你真的好棒！」短短一句話，就可能改變孩子的一生。

上大家都認識他，也因此我就得到很多的注意力。

得到注意力的好處是，會因爲有激勵的力量想去做很多的事情；沒有激勵的力量，則會讓人什麼都不想做。

獲得注意力對孩子來說，是很重要的。小學四年級在新竹空軍子弟學校，開學時我寫的第一篇作文，開頭第一段只有一句話：「很高興考取空軍子弟學校。」接著就開始第二段。這篇作文老師稱讚不已，還跟隔壁班的老師說我的作文比六年級的哥哥寫得還好。

其實我必須坦承，當年這篇作文是媽媽捉刀的。媽媽很有天分，她會模擬小孩子的口氣，然後教我寫作文，或幫我修改作文。雖然作文是媽媽幫我捉刀，但這種因獲得老師的注意力所產生的讚美力量，卻深深影響了我的一生。

那時，我每天期盼作文課的來臨，也開始非常喜歡閱讀報紙、愛看大人的小說，當時功課只有作文表現最好，其他科目都差強人意。而這種第一段只寫一句話的寫作方式，因爲獲得老師的讚美，讓我信心大增，直到現在我寫文章，還是喜歡這種言簡意賅的方式。我有時在想，如果當時老師是讚美我的數學很好，或許我現在是鑽研數學的科學人也說不定呢。

這就是老師和父母手中擁有的「魔法棒」。只要跟孩子說：「哇，你眞的好棒！」短短一句話，就可能改變孩子的一生。

做一個有創造力的人

臺灣的「觀光之父」嚴長壽先生是我最敬佩的人之一。他曾說過，今天社會上最需要的能力，都是考試考不出來的能力，好比溝通、人際相處。

很多人說，「想做一個有創意的人」，這個理想很好，只是在說法上需要修正一下。與其說設法做個有創意的人，不如說要學會發掘自己的創新力。當然，要是還能幫助他人發揮創意就更好了。

其實人本來就有創新力，區別人與其他萬物最大不同的就是創新力。多少萬年以前，人與動物同樣住在山洞裡，同樣忍受冬天的寒冷、雨水的侵蝕。今天呢？人不僅已經住在冬暖夏涼的屋子裡了，而且還到過月球，飛上太空，而動物都還是住在山洞，與幾萬年前一樣。為什麼？因為人類具有獨一無二的創意。

小時候的我們都相當有創意，一根竹竿可以當馬騎，也可以做擊劍、當標槍、做圍牆、掛國旗、做指揮棒。漸漸的，這種引發創新力的想像就被壓抑、被抹煞了，「乖乖的去給我做功課」常是最大的殺手。

補習、考試，只要求我們背記，其他的最好都少碰，像是創意、思考、合作、溝通、人際關係，因為聯考不考這些項目。你我都清楚，在成長階段缺乏了這些，將來是多麼悲慘。青少年時期最能激發創意，然而藝術、壁報、戲劇、辯論比賽，常被家長視為浪費時間。

記得我看過一段意義深長的故事：有個小孩，在後院不斷往上跳，跳的時候還把手伸得高高的，他媽媽在廚房洗碗，看到了就問他：「你在幹什麼？」那小孩回答說：「我要跳到月球去。」他媽媽聽到了就說：「哦！不要忘記回來喲！」那個

人本來就有創新力，區別人與其他萬物最大不同的就是創新力。

小孩就是第一位登陸月球的阿姆斯壯。

其實，不一定得是太空人或發明家才需要創新力。在行銷方法、改進品質、提高生產方面，創新常可用來做提升或改良之用，服務業更是如此。到最後，不經常想出新點子的公司眞的就無法生存了。此外，也許因爲人本來就是有創意的，當老闆鼓勵員工提建議、想新點子的時候，員工的參與感增加了，成就感也有了，就會更願意將公司的事當成自己的事來做。怪不得做一個有創新力的人那麼重要。

不過多干涉，讓孩子安心闖蕩

立行高三的時候，有一回，他開車載我出去，我們行駛在一個只有兩線道的小路上，突然有一輛敞篷跑車從右邊超車，衝到我們前方去。這樣的駕駛方式非常危險，而且不禮貌，黑立行當時動了怒，拚命按喇叭表達不滿，同時間突然加緊油門，緊追著前面那臺跑車不放。

當時我很想出聲制止，但我忍下來，我想觀察黑立行怎麼處理自己的情緒。他追了幾個路口，前方紅綠燈快要轉黃燈，那輛跑車「咻！」地繼續快速往前開，黑立行卻踩煞車停了下來。那個人還比了個中指揚長而去。我坐在旁邊用眼睛的餘光瞄他一眼，黑立行真的很生氣，低著頭自言自語地說：「我真的很生氣，但我不想繼續追上去！」

在那一刻，我眞爲孩子驕傲。他沒有繼續飆車或是追上前去找那個人大吵一架，否則很難說會不會發生車禍或是打架的意外。這代表他的情緒管理、EQ已經成熟。有人說「性格決定命運」，代表EQ在人生過程中，扮演多麼重要的角色。

立行上大學前，一位交往多年的外國女友，不知爲什麼決定跟他分手，兩人交往了四年，眞的很難受。當時我和太太百齡都在臺灣，有點擔心立行的情緒會受到很嚴重的打擊。

六個月後，我到美國看立行，問起他那女孩怎麼樣了？立行淡淡地說，這半年來，直到我提了女孩子的名字，他才第一次想到她。令我欣慰的是，他雖然失戀但並沒有因爲被拋棄而失去自信，也沒有抱怨或陷入低潮，而是很快站起來繼續迎向自己的人生。當時立行不到二十歲，未來都是未知數，但我可以確定的是，他以後即使在工作、家庭或社會上遇到各種挫折，如果他能夠平靜、有自信地處理挫折，一定都能順利度過危機。

立行研究所畢業後，幸運地找到產品設計公司的工作，對一直鍾情表演藝術的他來說，這份工作不但可以結合人文藝術的美學，又可以運用他在機械研究所的專業，讓他能夠發揮專長。他曾經幫電腦、PDA做設計，也有很多專利，收入也相當不錯，後來公司要到上海設立分公司，全公司只有他是會說中文的華人，但長官卻完全不徵詢他的意見或工作意願，讓他覺得非常不受尊重，也沒有歸屬感，於是和另一個夥伴Bryan共同創業，開始自己當老闆的日子。

雖然我認爲他離開原有的工作有點可惜，但尊重他自己的選擇才是最重要的。當初爲了在大陸把樣品做出來，我還特地到東莞找臺商的工廠幫忙，終於做出第一臺三合一娃娃車，黑立行眞的非常開心。創業維艱，他的產品是一般嬰兒安全座椅

令我欣慰的是，他雖然失戀但並沒有因為被拋棄而失去自信，也沒有抱怨或陷入低潮，而是很快站起來繼續迎向自己的人生。

的三、四倍價錢，從當初自己畫草圖、拜託廠商做樣品、四處參展，到後來已經有人願意投資黑立行的公司。

就如同太太百齡說的：**孩子想要創業自己闖蕩，你不能阻止，一定得讓他們嘗試，就算不成功，至少努力過、不枉此生！**

你期待孩子往哪裡去呢？

我聽過一段非常有哲理的話：我們究竟應該如何教育小孩？**如果你希望小孩長大後成為什麼樣的人，那你現在就朝那個方向來教養小孩。**

例如，你希望孩子長大後是個服從、聽命、說一不二的人，那你現在就可以用嚴格的軍事方式來教育他；很多日本、德國在二次大戰期間教養出的小孩，都非常服從命令，這也是日本、德國當年變成軍國主義的原因之一。有那麼多人擁護希特勒，一聲令下，這些年輕人願意為了軍令上戰場殺人，侵略其他的國家，其實都和父母及學校的教育有關。

如果你希望自己的小孩長大後是個自由的靈魂，那麼你可能就要放棄很多世俗標準，小孩要上班就上班，不想上學就不要上學，要流浪街頭就流浪街頭，穿什麼、吃什麼、做什麼都不要管他，讓他完全自由，這就像六〇、七〇年代的嬉皮。

如果你希望自己的小孩未來要有責任感，對自己行爲負責，那麼我們必須給他機會，讓他去思考、做決定，並有機會爲自己的決定負責。我們希望孩子能有自由的思想，也能有冒險精神，但也要爲自己做的事情負責，不是放任，也不是要求他百分之百的服從。

※

有個故事說，一位三歲幼稚園小班的女孩子，第一天上學的時候，穿好衣服出來，爸爸一看馬上就想說：「哇，妳趕快回去換衣服，怎麼穿得亂七八糟的。」原來她不但穿了長褲也穿了裙子，裡面衣服的袖子比外套還長，顏色也搭配得很奇怪。媽媽比較沉著，示意爸爸先不要說話，這時娃娃車也來了，媽媽讓她先上學去了。

結果下課回來，小女孩就跟媽媽說：「都是妳，害我在學校被大家取笑。」媽媽這時就趁機跟她說：「我有沒有教過妳怎麼穿衣服呢？有沒有說過穿了裙子就不要穿褲子呢？」小女孩點點頭，媽媽又說：「那妳今天怎麼讓自己穿成這樣呢？」經過這樣的溝通，小女孩就聽進去了。

我覺得這個媽媽很厲害，她願意放手讓女兒去犯一次錯誤，雖然女兒在被同學取笑，但媽媽藉此來教孩子應該爲自己的行爲負責。想想看，如果爸爸叫女兒當場就換掉衣服，那麼小女孩可能到大班還學不會要爲自己的行爲負責，因爲是爸爸叫她換衣服的，不是她自己試過之後才了解爲什麼要換衣服。也許有人會說，三歲的小朋友還小沒關係，長大後可不能這樣讓孩子用犯錯來學習負責。

我想跟大家說另一個例子，有位十八歲的女孩想去參加舞會。她問爸爸：「我想參加舞會，可以嗎？」爸爸本來想直接告訴她可以或不可以，但當下念頭一轉，爸爸說：「妳說呢？妳覺得可不可以？」女兒愣了一下。開始估算自己的功課還有

如果你希望小孩長大後是個自由的靈魂，可能就要放棄很多世俗標準，穿什麼、吃什麼、做什麼都不要管他，讓他完全自由。

多少沒寫，考試會不會受到影響，然後告訴爸爸說。她可以參加舞會。接著她又問爸爸：「那我幾點回家？」爸爸本來要脫口而出說十一點前一定要回家，不過這回忍了下來，又反問女兒：「妳說妳幾點回家？」女兒又開始估算，舞會結束的時間、要搭誰的車、要先送誰回家……等等，最後她跟父親說：「我十一點半可以回家。」父親笑笑說：「好，那妳就十一點回家。」這時女兒覺得爸爸不太對勁，跟平常不一樣，又接著問：「那如果我十一點半還不回家呢？」這時父女倆相視而笑，因爲他們都知道，女兒會爲自己做的決定負責。

這些教養孩子的方式，都給我很多的啓發，有人會問：「你說得一口好方法，自己做得到嗎？」我必須承認，我有時候做得到，有時候做不到，我和孩子們一起分享人生的喜怒哀樂，但我也做錯過很多事。我希望和大家互勉，但願我能做得更好。

創造孩子的生命自然律

有個理論認爲，孩子的生命有一個自然律，而這個自然律來自周遭的人怎麼看待他。

有一個爸爸帶著智能障礙的孩子到社區散步。路上經過一個棒球場，那位小朋友問爸爸：「你覺得他們會讓我上場比賽打球嗎？」爸爸知道機會很小，但他還是去問問那個領隊，領隊說：「現在是第九局我們落後三分，我們設法把你的孩子排進來好了。」然後那個小朋友就換上了球衣，坐在板凳上，眼睛炯炯有神地看著球場，還跟坐在觀眾席的爸爸打招呼。

這時第九局滿壘，領隊竟然要這位小朋友上場。這個從來沒有打過棒球的孩子拿著球棒站上打擊區，投手看了看這位小朋友，拿著球往前走了兩步，輕輕把球投出，小朋友連球棒都不太會拿，別說要打到球了，結果當然沒打到；第二次，投手又輕輕地把球丟出去，這次小朋友打到了，是個力量很弱的滾地球，很輕易就可以傳一壘封殺出局。不過接球的人故意傳了一個暴投，然後全場觀眾就大喊：「二壘！二壘！」這個孩子呆住了一會兒，才繼續往二壘跑，結果二壘手又故意漏接，大家又喊：「三壘！三壘！」球傳往三壘又沒接到，就這樣在全場加油下，這位小朋友一路跑回本壘得分，他好開心、好開心。因爲自己從來沒有這樣被當作英雄看待。

這位小朋友沒有趕上第二年的暑假球季，因爲他打完球那一年就過世了。爸爸講起這段往事非常感傷，眼眶都是淚水，但他非常開心兒子有這麼好的一段回憶。這些溫暖和支持是所有人一起給他的，這就成爲孩子與世界接軌的生命自然律。

一個小孩從出生、小學一路到大學，父母、老師、學校、社區整個環境，每個人對待他的方式就是這個小孩世界的自然律，會影響他的一生。孩子的世界是充滿美好，還是充滿仇恨與懷疑，都是透過和周遭環境與人的互動得來。從這個角度看，父母跟子女的很多互動，老師和孩子的許多互動，都不能太低估對孩子的影響力。例如我們小時候在學校被老師當著大家的面打耳光，會覺得很沒尊嚴，以後長大後對社會就會多些敵意和防範，這就是當年種下的因，當然希望自己的下一代不會這樣。

⁂

四十多年前，有一位在臺灣專門做大專學生輔導工作的朱神父，是個上海人，他到美國時去看臺灣的留學生。當年，臺灣留學生在美國生活其實很辛苦，有些人在餐廳打工洗盤子，有些在屠宰場工作，有些在臺灣很優秀的孩子甚至都變得非常潦倒，不少留學生夫妻為了生活，把自己的孩子交給別人帶，然後自己再去幫人家帶小孩、打零工賺錢。

我自己沒有受過什麼好的教育，所以即使在我們最窮困潦倒的時候，小孩的教育都沒有荒廢，只要是圍繞著教育這個中心點的所有事情，我們都儘量支持。

有一次朱神父告訴我，有位女留學生很不平地說：「爲什麼要幫新來的留學生忙？爲什麼要給他們臨時的地方住？爲什麼得幫新留學生介紹工作？應該讓他們吃苦！我們剛來的時候也很苦啊，應該讓他們吃吃苦、受受罪才對。」這個女學生的說法給我很大的衝擊，因爲這代表兩種不同的觀念或想法，也可以用在父母身上。

有些父母自己小時候受了罪，覺得小孩也應該受這些罪，「爲什麼要給他特別的保護和幫忙？」也有些父母剛好相反。我在光啓社工作時，有一回到國外拍節目，有位導播在法國幫孩子買的衣服都價格不菲，我雖然忘記實際價值了，但我知道我絕對不會想買。當年導播的待遇並不高，但他的心情就是自己雖然沒有得到，但願意給小孩他所錯過的、所失去的生活。

教育也是。臺灣一天到晚談教改，但卻改不了父母對孩子教養的錯誤觀念。有不少父母自己沒有的、錯過的，就算很窮，也要讓小孩念最好的學校，有的父母認爲自己沒有得到的，小孩也沒有必要擁有，對孩子很兇、很冷漠，或許大家都在談物質層面的東西，但關心呢？愛呢？照顧呢？

※

談到陪四個孩子長大的過程，我一直採取的方式是「多付出一點」。像我父親很嚴肅、很專制、很大男人主義，而且坦白講，父親很硬心腸，有一回我弟弟離家出走，父親看都不看，理都不會理，他認爲時間到，孩子自然就會回來了。可是我覺得我沒得到的，我會想辦法讓小孩得到，我已經得到的，例如從我母親那邊獲得的讚美，我會讓孩子們得到更多。

現在已經很少人有「養兒防老」的觀念。現代父母對孩子這麼好，既然不是想養兒防老，也不是想要回報，父母的心情就更微妙了。我有陣子到大陸山東青島的國稅局演講，中午和幾個高階主管吃飯，他們七個人中就有五個送孩子到國外念大學。我和歐美人士接觸的經驗則是，他們比較少把畢生的積蓄用來送孩子到國外念書。因此我想這些高階主管們的心情大概是當年自己遇到文革，雖然孩子那麼小就送出國不見得好，但他們希望孩子能得到更好的教育。

嚴格來說，我也有這樣的境遇；我沒有好好念書、沒有物質的享受、沒有好衣服可穿。有一次我到鞋廠上課，客戶送我一雙名牌球鞋，哇！我那時候好開心、好高興，其實並不是我買不起一雙名牌球鞋，而是我初中的時候鞋子都穿破了，整個破到底了還在穿，同學都會嘲笑我。那個年代沒有冰箱，如果第二天天氣熱，前一天準備的便當就會壞了、餿掉了，這樣的情況我當然不希望自己的孩子遇到。即便現在一家人出去吃飯，我們還是常常挑孩子們最喜歡吃的菜，而且都是我付錢，孩子們也都覺得理所當然。我常開玩笑，他們在美國都算是高收入的家庭了，卻從沒想過要請老爸吃一頓飯。

我自己只念到高中一年級就留級，之後就進了空軍，當時以爲自己這輩子好像完蛋了一樣。也因爲我自己沒有受過什麼好的教育，所以即使在我們最窮困潦倒的時候，小孩的教育都沒有荒廢，只要是圍繞著教育這個中心點的所有事情，我們儘量都支持。例如二十年前我們買了一部五百美元的腳踏車給讀高中的立國，或是讓念小學的立琍參加夏令營的活動，我都一直支持他們。所以，我也希望父母除了物質以外，應該要多給孩子愛和關心，因爲那才是最重要的。

發牌的是上帝，玩牌的是自己

我聽過一個故事，無論是眞的或純屬傳說，每當我想起來，心頭都有某種震撼。

達文西在畫「最後的晚餐」時，需要一位模特兒來當猶大——就是出賣了耶穌的那位門徒。很顯然，這位模特兒必須看起來有點邪惡才行。於是達文西就到街頭去找，後來終於找到了一位長得相當難看的乞丐，既骯髒、又潦倒，似乎滿適合的。

當達文西帶著這位乞丐穿過走廊，往畫室走的時候，乞丐一直瞪視牆上一幅幅的藝術品，好像若有所思，等到坐下來要扮演猶大時，他突然痛哭。原來他看到牆上的那些油畫、浮雕時，忽然想起自己小時候也當過模特兒，而且是扮演小天使。

從天眞可愛的小天使，到一臉邪惡的模樣，都是誰的錯呢？該由誰負責呢？

我不知道這個故事是眞是假，但我相信這樣的改變是有可能的。如果我們常懷恨在心，經常猜忌別人圖謀不軌；如果我們常對他人充滿敵意，針鋒相對；如果我們常對自己不滿，自卑、退縮；如果我們常對未來悲觀、消極，經過一段時間後，我們必將惡形惡狀。

經常微笑，能享受每一天寶貴時光的人，是否予人容光煥發的感覺呢？那些常懷寬恕與原諒之心的人，日子一定較好過，煩惱也比較少，長期下來，皺紋是否也較少？有的人不愛嫉妒，喜歡分享他人成功的喜悅，常視困難爲機會，對很多事都抱持正向的思考模式，看起來眞的不只是心善而已，面貌也善良。我不是在強調面貌或面相，但我們能不能做自己想做的那種人呢？

「發牌的是上帝，玩牌的就是我們自己。」有的人拿了一副好牌卻輸，因為他沒有好好出招；拿到一副不怎好的牌的人，反倒真的常贏。

有句話說，「四十歲以前的相貌由父母決定，四十歲以後的相貌由自己決定。」這句話眞是刻骨銘心。

我想做一個快樂、積極、受歡迎的人，最好從現在開始就將快樂、希望、關心注入生活的每一天當中。西方人的說法也很有意思，「發牌的是上帝，玩牌的就是我們自己。」有的人拿了一副好牌卻輸，因爲他沒有好好出招；拿到一副不怎好的牌的人，反倒眞的常贏。

聽完這故事後，有什麼想法？你一定很想知道自己未來是什麼樣。其實，預測未來的最好辦法，就是去創造一個未來。

父母給孩子的十九樣人生禮物

我曾上過很多次「快樂時光」這廣播節目，每次主持人都會問「快樂是什麼？」記得我說過很多種令人開心的方法。許多朋友聽了之後告訴我，他們頗有同感。現在，我想與父母們分享十九條人生經驗，我覺得它們是相當寶貴的，甚至認為要是自己早一點體驗到就好了，建議大家也可以套用自己的經驗分享給孩子。

一、**不要批評別人**。批評有可能會傷到寶貴的自尊，會失去別人由衷的合作。

二、**常常想到自己的福氣**。我們通常只會想到自己的運氣多不好，要是你今天就列單寫下自己得到的恩典，你會發現還眞不少。

三、常讚美，讓他人覺得自己很重要。必須是真誠的、無所求的。人的一生需求大部分都可以獲得，像食物、住家、健康等，但需求最迫切的重要感卻很難得到，於是我們會設法從其他管道獲取，像大聲罵人、打架。如果自己的父母或老師能了解這點，一定很有福氣。

四、可以失敗，但不要忘記從失敗中獲取教訓。怪不得有的人後來變得很成功，原來他們「知錯」以後不找藉口、不推卸。

五、有時候得不到你想要的，反而是種福氣。

六、要對規定瞭若指掌，這樣你才知道如何突破。成功常發生在體制外，但通常都發生在懂得運用的人身上。

七、不要讓細微爭執傷害到珍貴的友誼。我好羨慕那些很年輕就玩在一起的哥兒們，他們眞的把握到了這一點。

八、**承認自己的錯誤，進而會道歉的人，最能贏得尊敬**。我們都會犯錯，只是少數人反而因此更有收穫。我的女婿就是其中之一。

九、**每天有一段獨處的時光**。

十、**相信自己是個有潛力的人**。梅琳凱[3]說，要是你自信自己能做到，你就能做到；要是你相信自己做不到，你就做不到。

十一、**學習克服憂慮與壓力**。現今競爭這麼劇烈，變化這麼快，未來只會更快、更劇烈。不具備這些能力該怎麼辦呢？

十二、**重要的事先做**。這麼簡單，但我們每天偏偏會讓瑣碎的事占滿行程表。

3 玫琳凱・艾施（Mary Kay Ash）被視爲當今世界最成功的女企業家，是玫琳凱化妝品公司的創始人。

艾森豪[4]還說過，急的事情很少是重要的。

十三、**態度積極，充滿熱忱**。年輕人剛進入社會可能以爲專業能力最重要。《天下雜誌》曾做過一次調查發現，大多數的老闆最希望新進人員具備的是積極的工作態度。

十四、**熱情的接受改變，但不要放棄你的價值觀**。無論你同不同意，周圍的人、事、物都在改變。我已經看到不少人黯然退出，因爲他們沒有改變。

十五、**學習溝通**。記住，聽比說還重要，「怎麼說」比「說什麼」重要。

十六、**每年去一個你從未去過的地方**。我們以前做不到，你們現在只要管理好打工的錢就可以了。

十七、**重視家庭生活**。幸福的家庭氣氛是人生的基石。

十八、沉默有時是最好的回答。希望你不要到我這年齡才發現這祕訣。

十九、終身學習。松下幸之助從一個腳踏車學徒變成幾十萬人的公司董事長，他將自己的成功歸因於終身學習。微軟的比爾・蓋茲也認爲，未來的大趨勢之一就是成人教育訓練將愈來愈重要。看看你周圍的朋友，如果從學校畢業後就不再學習了，要趕快影響他們。

以上十九項禮物，不僅孩子們要知道，父母若尚未做到，也記得快快跟上喔。

4 德懷特・大衛・艾森豪（Dwight David Eisenhower），美國第三十四任總統和陸軍將領，是美國歷史上的九位五星上將之一。

人的一生需求大部分都可以獲得，像食物、住家、健康等，但需求最迫切的重要感卻很難得到，於是我們會設法從其他管道獲取，像大聲罵人、打架。如果父母或老師能了解這點，一定很有福氣。

成長是一輩子的事

你覺得自己有一段時間沒有成長、進步的感覺了嗎？

有一天我接到一位朋友的電話，他告訴我說，剛剛跟太太吵了一架。這次吵架與以往不同的地方是，太太說了一句很奇怪的話，他不懂太太爲什麼會冒出這麼一句。原來在吵架的時候，他向太太大聲說，「妳現在怎麼變了？以前妳什麼都聽我的，現在怎麼問題那麼多？」太太回答他說：「每個人進步的情形不一樣啊！那怪誰。」

「每個人進步的情形不一樣」，這句話眞的意義深遠，也很有震撼力。難怪我這位朋友會覺得有點訝異。**人的成長不只是一條漫長的路，而且還是一條沒有終點**

的路，甚至每個人成長的速度都不一樣。

有一年我去參加大學畢業二十週年的同學會，看看每一位老同學，變化可眞大。有的人肚子已凸起，有人頭髮開始白了，也有人帶了小孩一起來，有人還是單身，有的人在工作事業方面已頗有就，有些人卻顯得頗爲落寞。二十年了，同學的發展竟有這麼大的差異。爲什麼呢？

大家都是同一學校畢業，念的是同一系，老師也都一樣，聰明才智也一定很接近，爲什麼現今的狀況這麼不同？有的人開始的時候進步得很快，像剛從學校畢業，或新婚期間，但以後就慢下來了。有些人成長到某一階段後就停止成長了，眞的很可惜。

我們都聽過「活到老、學到老」這句話，眞的做起來卻像「活到某一年齡就不用學了」。單以「溝通」來說，有的人學到了（無論很輕鬆或經歷滄桑），交朋友、談戀愛的時候需要培養勇氣、具備自信，眞誠的與另一人溝通。有的人就是不管那麼多。

新婚期間兩人需要適應，兩個過了幾十年不同生活、不同習慣、不同嗜好的人，如今要生活在一起，他們多麼需要藉溝通來練習包容、尊重。此外，還要加強自信，這樣才能減少獨占的心理。

才剛以爲溝通的功力已經練到一段落了，想不到又要進入另一全新的領域——親子關係。從練習與幼兒溝通，到他們成爲青少年、到進大學，我們都要刻意與他們溝通。有的人還是覺得那麼麻煩，管不了那麼多。但不溝通本身就是一種溝通，也就是冷漠、疏忽或甚至不關心。我相信，沒有人想向子女傳達這些訊息。以後，子女長大了，離開家後，兩老又要學習怎麼溝通，才是能享受自己掙來的晚霞之美。

而「溝通」還只是成長的一部分而已。成長的列車一直在往前行駛，我們千萬不要只成爲月臺上招手告別的送行人，而是要成爲一起前進的好旅伴，讓這條成長路走得又長又遠！

不溝通本身就是一種溝通，也就是冷漠、疏忽或甚至不關心。我相信，沒有人想向子女傳達這些訊息。以後，子女長大了，離開家後，兩老又要學習怎麼溝通，才是能享受自己掙來的晚霞之美。

輯二・

陪孩子走過的成長路

To My Dear Children

你們都還好嗎？

這是我又一次公開的與你們談心的時候了。心情相當澎湃。

不久前，呂先生，一位書信上認識的朋友，寫信給我說，他最近看了我的一本老書：《黑幼龍觀點》。那是我在三十多年前，在《時報周刊》的專欄上，陸陸續續寫的文章收集而成的。他說他很喜歡這本書。但給了我一個相當中肯的建議：要是那些文章結尾處，都能標上年月日就好了！

舉例來說，有一篇是主張政府該開放「汽車電話」（那時還沒有手機），並列舉了多項理由，包括移動電話的頻率為軍方所占用，但可以調整。要是能在該文尾標示：一九八五年某月某日，現今再閱讀起來多有意思！因為不只是顯示了這三十多年有多大的改變，而且今日手機功能的神奇，連愛因斯坦再活回來都會驚訝不已（楊振寧受訪時的談話）。要是有註明了日期的話，不僅突顯了時代的背景，時光飛逝的速度，也旁證了人生及心歷路程的奧妙。

這本書中有很多是我寫給你們的信。那時你們正值青春期。有煩惱苦悶，也有瘋狂的夢想。老爸也有！但我在信裡很少提醒你們要用功讀書，或該怎麼規律自己。我最享受的是寫信時的心情，和那微妙的親子間的互動。要是文末也標示日期，某年某月某日，現在看起來就更傳神了。那已經是三十年前的事了，現在你們的孩子都已是當初信裡的這個年紀了！

然而有些事情是不會改變的。像親子關係、手足之情。看到你們四個感情這麼好，我還蠻羨慕的。

那時你們有二個剛進大學，二個還在高初中。那時，你們正值叛逆期、青春活力滿溢的時空，記得你們不止一次的跟我說，常常期待我的信。

現在再看看這些信的內容，坦白說，我一點都不覺得自己是在說教。裡面有很多話，可能當你們的面我說不出口，但在信中我都表露無遺了。像是：我深深以你們爲榮；我何其有幸，能有你們這樣的孩子……

這次我要在信中間就註明日期：現在是二〇二〇年初，我即將滿八十歲了，夕陽依然無限好。雖然媽媽與我早已進入空巢期，但我們還是能常常感受到濃濃的父母與子女的親情，有時還加上祖父母與孫輩的樂趣。

現今你們已經有小孩念大學了，真是不可思議。幾年前在西雅圖第一次坐孫子駕駛的車子，還真覺得有點怪怪的，媽媽還有點擔心。但你們開始寫信給孩子了嗎？把你們心裡的話說出來。要知道，他們可能也很期待爸媽的來信，感覺一下你們的思念與期望。

最近有一次聽到你們彼此交談時說到：「當年爸媽怎麼能忍受得了我們？」你們真的誠實得有點可愛。無論你們當年如何，我們都走過來了。現今，我覺得你們的孩子都很好，有可能是因為你們更有愛心，更有耐心。

生命就這樣傳下去了，我們是這生命大河中的一分子，希望這河流因我們而更美，更壯觀。

我的孩子，感謝有你們

臺灣有位很有名的作家說，他寫文章時經常會想到哪裡就寫到哪裡。我希望寫給孩子的這封信，也是想到什麼就寫什麼。剛要提筆寫這封信時，眞的有一種慶幸的感覺。我的第一個念頭就是「感恩」，相信你們也有同感。

我好喜歡「感恩的心」這首歌：「我來自偶然，像一顆塵土……感恩的心，感謝有你。」也好喜歡「奇異恩典」（Amazing Grace）的歌詞：「初信之時，我蒙恩惠，眞是何等寶貴。」

如果要舉出我們能想到或是提醒自己的話，我們全家人最常浮現腦海的應該就是——**感恩上蒼的恩典**。姓「黑」的人這麼少。你們的爺爺常常會提到，他十幾歲時一個人離開河南老家，想不到之後會變成二十多個人。我聽得出來他的得意感。想想，我也是從只有我一人姓黑，變成整整有二十位成員的黑氏家庭了（女兒黑立琍的三個小孩中文姓名也姓黑）。要緊的是，這個世界不只是增加了二十位姓黑的人，而且還是二十位好人。

※

記得有部電影《一路玩到掛》（The Bucket List）[5]嗎？二位得了癌症的老人，都只有不到一年好活了，還相約去實現一些人生的夢想。其中一項是去看埃及的金字塔，在金字塔上，那位知識淵博的汽車修理工和出錢旅遊的億萬富翁說，埃及人有個傳統，認爲人死了之後，到了天堂門口，都會被問到兩個問題，你對這兩個問題的回答會決定你是上天堂，還是下地獄：

5 二〇〇七年上映的美國電影。電影描述兩位患有癌症末期的病人如何面對他們的「死刑」，和如何在他們餘下的日子裡度過豐盛和歡樂的人生。

媽媽和我最得意的是，我們沒有要求你們都一樣，或用同樣的規範帶大你們。前一陣子立琍還問立國，當年爸媽怎麼能忍受我們？

第一個問題是，你這一生找到快樂了嗎？

第二個問題是，你這一生有沒有幫助別人找到快樂？

我希望你們常問自己這兩個問題。無論你們已經做到了多少，都還要繼續問自己，我快樂嗎？我怎麼才能幫助別人更快樂？

時間過得眞快。黑立言、黑立國都已經過了不惑之年。前幾個月媽媽和我在新加坡黑立琍的家裡，突然之間我提到立琍已經三十七歲了，媽媽聽到後覺得有點不可思議，甚至嘆了口氣。想不到你們都已經這麼大了，都已經成家立業，都有小孩圍在你們身邊了。更重要的是，你們都很快樂，也幫助了不少人更快樂。

因爲這封信會有很多讀者看到，他們當中很多人並不認識我們，所以我就藉此將我頗以你們爲榮的原因與讀者分享。

你們四個人的個性各有不同、各有所長，也各自闖出了一片空間。媽媽和我最得意的是，我們沒有要求你們都一樣，或用同樣的規範帶大你們。前一陣子立琍還問立國，當年爸媽怎麼能忍受我們？

你們四人的感情好好，好到讓我覺得，但願我和我的兄弟也像你們這麼好就好了。我幾乎沒有聽過你們說過另一人的壞話，你們從不嫉妒彼此，還會衷心地欣賞他人的優點。

立言，很多人都說你像我，連走路的樣子都像。媽媽與我私下會說你連性格、爲人處事都很像我。老實說，你比我更有耐心，尤其對小孩；觀察力也比我深遠。耶魯大學的陶成可能眞的對一個人的思考有幫助。最值得慶幸的是，卡內基的講師與同事都覺得你是一位値得信任的總經理。多年前南山人壽前董事長郭文德先生還說過，卡內基訓練不只是個事業而已，不同的人經營會有不同的企業文化。他現今如果知道你的領導風格，一定會很高興。

立國，你自己說過你小時候無疑是一頭黑羊，直到今天，採訪你的記者還是難以相信你的轉變，才三十幾歲就做到華盛頓大學醫院的醫務部副主任。但我最高興的是你告訴我，他們選你的原因是因爲你的溝通能力好。當然，你還有很多事可能他們不知道，像你曾冒險高空跳傘、曾到非洲盧安達義診、在尼泊爾當醫師時差點被叛軍留置。還有，你改變了一位柬埔寨女孩的一生，從孤兒院領養了她。這些都是我做不到的事。好像就是我所說的，那是種奇異恩典。

立琍，妳是我們唯一的女兒。不知道爲什麼，妳聽過的歌，每首都能唱出來，鋼琴也無師自通。妳的英文，包括寫和說，讓妳那身爲美國人的老公都自嘆不如。但這些都不是我認爲了不起的，妳眞正最能讓我引以爲傲的是，妳對他人的關心與諒解。妳眞的幫助了很多人更快樂，尤其是妳的家人。

立行，你大哥曾跟你說過，你是四人中最聰明的一個。有一次在新加坡我聽到你姊夫跟幾位廣播記者說，他們家的小孩已經夠聰明了，但其他三人加在一起恐怕都還沒有黑立行一個人聰明。我很羨慕他們能這麼由衷地讚賞你，一點都不會吃味。每當我看到你下班後做家事、幫小孩洗澡，滿懷耐心地對待家人，我真希望說這些都是我的遺傳或者是你青出於藍。如今，你有了自己的事業，你所設計的三合一嬰兒車已是知名名牌，希望以後有更多的家庭受惠。

這一生眞的要感謝有你們四人，如果沒有你們，或少了你們其中的一人，我的生命不只是黑白的，而且還欠缺一大塊。我會想到你們四人都很上進，不僅是能好好地過一生，還會影響很多人。

我會想到感恩。我會輕輕地唱一段：「奇異恩典，何等甘甜……。」

不是非得當爸爸的乖女兒

記得有一次妳去參加舞會。我故意不睡覺，等到半夜二點。等妳進門的時候，臉上的表情好自在；既沒感到內疚，更沒想到會受罰。好像覺得這是自己的事，沒什麼大不了。

那天晚上妳好迷那個男孩子，兩手握在胸前，閉上眼，抬著頭說他好帥，一點都不會不好意思。妳不擔心別人怎麼想——甚至不擔心老爸怎麼想。唉！我不得不說，這是多麼了不起的自信。

這種自信是經過很長的時間建立起來的。如果我也是這建立過程一部分的話，不是也該引以爲傲嗎？將來，可能是好多年以後，也許有那麼一個夜晚，當妳獨自一人在家聽音樂的時候，可能會想想——到底爸爸給了妳什麼。那時候，我希望妳想到的是，**爸爸幫助了妳「做自己」**。

⁂

有次晚上妳母親邀了幾位她的高中同學聚餐，那天我一個人在家，很想與妳談談，特別是在信上談談。在這封信之前，我們父女倆通信已經是五年前的事了。很多話我不知該怎麼和妳談，有時候我覺得自己是在逃避；我怕如果談的結果不愉快，怎麼辦？有時候我覺得自己很想假裝看不見，或假裝看不清楚妳現在的模樣。更具體的說，我好像感覺到我就要失去妳了。

妳什麼都沒有做錯，只是我不想看到妳一天一天的在長大，我卻擋不住。好像無論我再怎麼掙扎，妳一定都會走上成長的不歸路。有時候，我看到妳不想做爸媽的乖女兒時，心裡眞是頗不能平，但事後想，這不就是我當年想做而沒有做的嗎？

我不禁回想自己，有多少次因爲在乎別人怎麼想而讓機會溜走。我常在開會的時候，本來有話要說，卻因爲怕別人說我愛表現，或擔心意見不夠成熟，別人會笑，而忍住不講。多少次，在吃喜酒的時候，在社交場合，我們想多認識幾個朋友，想過去與陌生人（包括異性）談談，都因爲擔心別人會怎麼想而放棄了。

甚至夫妻也一樣，很多人其實很愛另外一半，但不願表現出來，因爲擔心一旦說出來後，他（她）會不夠珍惜我，或以爲我做了什麼虧心事。

什麼時候我們不在乎別人怎麼想，我們就開始有自信了。就像妳現在這樣，容光煥發，生活愈來愈有意思，愈來愈漂亮，好像在談戀愛一樣，眞是神奇。

然而有自信的人不會有神氣活現的樣子，更不會有傲慢之態。相反的，因爲好多人對妳讚美不已，妳會愈來愈喜歡與別人聊天，人緣也愈來愈好，這都是自信的表現。還有，妳發現自己近來很少與人抬槓雄辯了，因爲自信心愈強的人愈能從他人的角度來看事物。

自信幫助我們發現自己的優點與長處，還有許多以前棄之不顧的成就，怪不得自信堅強的人遇到陌生的狀況常能處理得很好。談到這裡，我眞的要說，「不一定要做爸爸的乖女兒，做妳自己吧！」

也許有那麼一個夜晚，當妳獨自一人在家聽音樂的時候，可能會想想——到底爸爸給了妳什麼。那時候，我希望妳想到的是，爸爸幫助了妳「做自己」。

不只夢想愛，還要夢想生命

兒子，再過幾天你就要畢業了。最近我沒事就會到百貨公司去，希望能找到一樣東西，做爲你的畢業禮物。

有人認爲幫兒子選禮物應該很容易，因爲他很清楚兒子喜歡什麼。這種說法在孩子還小的時候可能很正確，我會買腳踏車、滑板送給你，但現在你要大學畢業了，該送給你什麼呢？有些東西相當有趣，但不足以表達爲人父的心意；很多東西你都不缺。我開始想，要是我自己就要從大學畢業，我最盼望得到的畢業禮物是什麼？

於是，答案就出現了——我決定寫一封信給你當畢業禮物，希望你喜歡。

當我想到要和你談的時候，第一個出現在眼前的畫面就是你小時候的模樣。你最喜歡作文，小學一年級的「提早寫作」，你有十篇登在壁報上。但你早上經常起不來，總是最後一個走進教室（眼睛還是半閉著的）——這就是你。這也是我最想和你談的，也希望你畢業後常常記得，常常提醒自己——要做自己。**人唯有在做自己、是自己的時候才最開心，才會想出最好的點子，才會做出最有價值的事。**

其次是想到你在小學、中學、大學期間，最大的特點，或可說是我最羨慕的地方，就是你有好多朋友。你不見得比別人更照顧同學，也沒有比別人慷慨，但是爲什麼你有這麼多好朋友呢？我想那是因爲你很少批評別人、直指出別人的缺點。很多人以爲朋友就該指出他的毛病，這眞是大錯特錯。當那個人離你遠去，你還能幫他什麼忙，你怎麼做他的朋友？你的好人緣是你最有價值的資產，無論在婚姻（很多人忽視了與太太小孩也需要建立良好的人際關係）、工作、社團方面都一樣。

還有就是在以後的歲月中，你會發現，很奇怪，當你玩得很開心的時候，有一

在以後的歲月中，你會發現，很奇怪，當你玩得很開心的時候，有一種內疚的感覺會到來，好像在說，你怎麼可以這麼開心。你一定要學會拒絕內疚。

種內疚的感覺會到來，好像在說，你怎麼可以這麼開心。你一定要學會拒絕內疚（我已經太晚了，你還來得及）。最後，也是我的禮物的核心——要珍惜生命。人不應當只會夢想愛，還要能夢想生命，特別是永恆的生命。

有自信的人會勇敢的說「不」

我眞爲我們倆這樣的親子關係覺得慶幸。那天聽了你的話，我一點都不驚訝——只是有點不習慣。

時間過得眞快，快到連適應都不需要了。你說，你很不喜歡自己不會拒絕別人。當然，別人教你去殺人放火，你一定會拒絕。但是，忙得不得了的時候，該怎麼對人家說「不」呢？也不過才幾年，你不但已經長大成人，與父親平起平坐，甚至還可以與我分享心裡的問題了——特別是像這種同樣困擾了我多年的問題。

有位卡內基訓練的講師曾說過，我不知道成功的祕訣是什麼，但我卻知道有一**條照著走必定會失敗的路，那就是，想要討好每一個人。**你看，他眞的一語道破問題的關鍵。好多人一生都因不會說「不」而苦惱。

我多麼希望你這一生別人請你抽菸你會拒絕；別人要你乾杯你會拒絕；別人要你抄襲他人的智慧財產，特別是老闆要你這樣做，你也要堅定的說「不」！

交朋友，包括異性朋友，該怎麼表明自己不想與他有深交呢？有人來挖你到他公司去工作，你覺得受寵若驚，但不想去，該怎麼說呢？

我覺得你相當有福氣，因爲你有我這樣的父親。我覺得我是最有資格與你談這問題的父親，因爲這問題已經困擾了我好多年。我一直很羨慕那些沒有心理負擔的人，他們拒絕別人的時候，雖然很堅定，但態度相當和藹。當然，別人可能會不高興，但或許過一會兒就諒解了，也可能到後來發現這樣又更好。我們都需要更多的自信才做得到。

有自信的人不太擔心別人會不會以爲他不近人情；有自信的人常知道自己該做

的事；有自信的人很清楚自己能做多少。有自信的人很了解自己，諸如自己的價值觀、自己的志向、自己的興趣。同樣的，他也尊重別人的價值觀、志向、興趣。最後，也是最重要的，自信堅強的人雖然富同情心，也願意幫助人，但他深知不應將別人的問題視爲自己的問題。既然是別人的問題，那個人一定有自己解決問題的能力。

你現在感覺如何？經過這次心底的溝通，我覺得我們父子倆此刻比過去更爲接近。希望你也有同樣的感受。

自信堅強的人雖然富同情心，也願意幫助人，但他深知不應將別人的問題視為自己的問題。既然是別人的問題，那個人一定有解決自己問題的能力。

感謝你的優點是：喜歡自己

兒子，雖然我們天天在一起，但好像有些話我還是想「寫給你」。

好多年前，有一天我們在爺爺家，不知怎麼的，客廳那時只有我們二個人。我從十五樓的窗口向外觀望，你也跟著過來，站在我旁邊。我問你，你覺得自己最大的優點是什麼，你的回答我永遠都不會忘記。你當時想了一會說：「我想是，我很喜歡自己。」

能喜歡自己該多好！你每天事情那麼多，但早晚一定會舉啞鈴、做伏地挺身，練就一身精實的好身材，我想那是「你喜歡自己」的生活方式。多少人由於不喜歡自己，或只是對自己沒把握而開始抽菸、喝酒、終日沉迷賭博。

我們有時候會遇到人緣很好的人，大家都喜歡和他在一起。這些人並不一定比別人聰明，也不見得特別能幹，他們的好人緣與金錢、事業更沒有關聯，可是和他一起玩就是很開心。相信你也遇到過這種人吧？爲什麼他們那麼受人歡迎呢？其中很重要的原因之一，我想，是這些人常是「喜歡自己」的人。

喜歡自己的人不是自傲的人。一個人對自己相當滿意之後，他就不想去模仿別人了。一個喜歡自己的總經理，何必去學別的總經理那樣發脾氣、擺威風？一個覺得自己做得很好、常保持進步的職員，也不想模仿那些特別自我貶抑的人（結果老闆更喜歡他）。更有意思的是，人愈是喜歡自己，就愈會付出，很想幫助別人、關心別人；要是很討厭自己的話，一定會擔心別人會不會接受他的幫忙，或覺得自己不夠格幫助他人。

我好喜歡你遇到大人物時的模樣，好自在、好輕鬆。人無論什麼事，包括讀書、交朋友、參加活動、談戀愛，愈輕鬆自然，表現就愈好。再過幾年你就要步入

人愈是喜歡自己，就愈會付出，很想幫助別人、關心別人；要是很討厭自己的話，一定會擔心別人會不會接受他的幫忙，或覺得自己不夠格幫助他人。

社會。從你小學到大學，我覺得自己最了不起的一點，就是我從來沒有催你去做功課，或提醒你該看書了，甚至從來沒在早上叫你起床上學。

本來我覺得那是因爲你能自動自發，但如今刻意思考一下發現，那可能是因爲：你很有自信。

兒子，這是你給我的最好的禮物，也可以說是我給你的最佳資產。

未來，要由自己作主

再過幾天你就要畢業了，我有好多話想和你談。一開始，我想先與你談一件三十年前的事。

三十年前的一個夜晚，我去參加一個畢業舞會。那時候還沒有迪斯可，連扭扭舞都還沒流行。大家多半在跳三步、四步，偶爾會有倫巴、吉魯巴。記得當天有不少男生穿西裝，打的領帶是細得不得了的那種，但那時候還沒有冷氣，你能想像嗎？一大群人大熱天在屋子跳舞，沒有冷氣，但大家還是很開心。有位同學走上臺去，說了幾句感性的話，好像說到校園的楓葉幾個月之後就要凋落，大家不要忘了回母校探望恩師……以後我們就要各奔前程，祝大家前途光明。

當時，不知哪裡來的念頭，我突然集中思考這些同學十年後會是什麼模樣？我開始留意觀察好幾位同學，想像他們十年後的樣子；他們的衣著、他們的頭髮、他們的面容，接著也聯想到他們的工作、事業。有多少人那時已經結婚了？他們十年後的日子過得快樂嗎？

十年後，雖然一定有人曾回校園看楓葉，但我卻沒有追蹤那些人的狀況，因爲我們要成爲什麼樣子，我們就會成爲那個樣子；我們想成爲什麼樣的人，我們就會成爲那樣的人。

※

卡內基要我們多注意自己的思想，因爲思想能決定我們的心情、生活。我們常想積極、正向的事，就會變得積極進取，常想開心的事，或頗爲自豪的事，我們就會成爲快樂、有自信的人。我們常認爲將來的婚姻會很幸福，機會來臨的時候，不但不會逃避，而且會滿懷自信的抓住它。工作、事業也一樣。我們是自己的主人，我們的未來（有相當的程度）是由我們自己作主。

你就要畢業了。在那麼多的祝福聲中，我由衷希望你也能思考一下這個理念。就把它當成我送你的畢業禮物吧！

我們要成為什麼樣子，我們就會成為那個樣子；我們想成為什麼樣的人，我們就會成為那樣的人。

感恩我有你這麼好的兒子

「我怎麼會有這麼好的兒子」，這句話我絕對不會跟別人說，除了你以外。

想到你念書時的某天早上八點，你就要回耶魯大學的時候，我們父子倆又擁抱在一起了。我斷斷續續的說：這幾天在一起的時光眞好，特別是我們坐在地毯上的那種分享，常常談到半夜二點，對不對？

上次我們到耶魯來看你，是你母親與我的心願，但我想你也一定很希望我們能來，完成我們長久期盼的願望。

黑立言，耶魯的校園眞美，正如你有年十月告訴我們的，整個校園像幅圖畫一樣，樹葉有的黃得發光，陽光透射下來，更是閃眼，有些樹葉紅得我從來沒見過，眞是「紅似火」。在這秋末初冬的時候，這些樹木展現了它們的生命力，提醒人不要失望。

我們三人在校園散步，欣賞石砌城堡式的中古校舍，一直走到高爾夫球場。在那裡看著松鼠和小鹿跑來跑去，我們開始談到一個人的志趣、價値觀、女朋友，還有對未來的展望。你說你要改變進哈佛繼續念博士的機會，準備回國參加卡內基訓練的工作。當時，你母親和我眞是百感交集。我們都好像很有默契一樣，沒有多談回國的細節，或那些技術的事項。那麼美的四周，那麼美的氣氛，那麼美的心靈交流，談多了就沒那麼美了，對不對？

能知道自己眞正想做什麼，多好！

立言，你一定同意爸爸這一生經歷過很多事，遇到過各式各樣的人。但我要告

在這麼虔誠、靜默的氛圍裡，不知道你與你母親點燭的時候在想什麼，我想告訴你的是，我那時候全在感恩。

訴你（即使你是我兒子），你是少數幾個能那麼尊重與自己不同的人。我們都會尊重我們所喜歡的人，而你卻能積極的聆聽年幼者說話，像你的弟弟、妹妹，而且平常很少在背後談論或批評他人。想想有多少人能做到這點，包括你父母在內。

其實，尊重與包容他人，也能使自己更清楚什麼才是最重要的，並且確定自己要什麼。在校園的聖道明教堂裡，我們三人走到聖壇前點燃了三支蠟燭。在這麼虔誠、靜默的氛圍裡，不知道你與你母親點燭的時候在想什麼，我想告訴你的是，我那時候全在感恩。我有那麼多的理由需要感謝。

希望過好多年以後，耶魯將以你爲榮。

6 中國近代史上首位留學美國之學生，亦爲首名於耶魯學院就讀之中國人。

別讓拖延限制你的行動

好多年以前，有一次，我到美國去看你。那時你將要從耶魯研究所畢業，顯得很興奮。那天，我與你母親提早到了，你覺得有點尷尬，因爲你的房間很髒亂。你本想下午整理的，可是我們中午就到了。

從「直到最後一分鐘才整理房間」這件事，我笑著問你，是不是拖延的毛病還沒改。接著，你告訴了我教授說的一句話：「愛拖延的人可能比較聰明，因為他知道他最後一下子能做得好。」無論這句話多可愛，我還是不能了解爲什麼有人這麼喜歡拖，或說，爲什麼拖延這個毛病這麼難改。坦白說，我自己也有這毛病。

想想拖延所帶來的焦慮，有這麼多負面的結果，但還是要拖。拖到最後一天才趕寫報告、看合約、寫文章。

高陽先生的清朝歷史小說人人愛看，但很少人知道他常到最後一分鐘才交稿。由於他的小說是每日在報紙上連載刊出，據說有時他的稿子會直接送到撿字間[7]。他在信封內會夾一點錢，給留下來加班撿字的朋友吃宵夜。美國曾經有幾位職業棒球明星因爲愛拖，最後痛失轉隊的機會，損失以百萬計。

拖延眞正最可怕的還是，爲自己現今不採取行動找藉口。

年輕的時候我們都想，等小孩長大以後一定要到歐洲好好玩一趟；等這幾年忙過了以後一定要開始運動減肥；再過幾年我一定要去學繪畫，因爲從小就很喜歡畫，等以後再圓這個夢。有的人一直很想再進修，有的人很喜歡演講，有的人很樂意做公益活動，但他們都希望以後再做。後來，就一直拖下去了。

多少人想向老闆表達謝意，但已經想了好幾年。多少人想告訴另一半他是多麼重要，但結婚二十年來卻從未說過。多少人想向某一位同事說幾句心裡的話，但幾年來一直告訴自己：以後再說。他們都在拖延，他們都沒有「起而行」。

我們都忘記了自己現在就可以採取行動，就像常常在地上走路的小鳥一樣，眞可惜牠忘記自己會飛翔。現在做了，以後還可以再做。想讚美太太，現在就可以說給她聽，這樣以後會更想讚美，讚美得更多。

拖延會限制一個人的發展，像是後院的圍牆，將小鳥關在裡面叫嚷。現在採取行動，就是展開翅膀、飛越圍牆。

有的人一直很想再進修，有的人很喜歡演講，有的人很樂意做公益活動，但他們都希望以後再做。後來，就一直拖下去了。

7 在鉛字活版印刷時代，撿字員需要挑字後，按照稿件排在板上，製成版後，上墨，再印刷。

樂於當孩子們的天才老爹

我一定要寫這封信給你。已經快十九年了，我一直沒給你寫過信。

以前我總覺得，做父親的沒寫信給兒子，頂多就是沒有把他的感受表達出來。那晚我卻有個奇怪的想法，那就是，如果我不跟你談心，等於我是在說謊。那時辦公室裡只有我一個人。一小時前辦公室裡滿是人，都在談公事，電話、人身走動……，才一下子，就只剩下日光燈和毫無生氣的辦公桌椅了。雖然是我自己選擇留下來的，但還是覺得很孤獨。

多年前，有一次只有你我兩人去爬山。那天我們的心情都特別好，在山頂上，我要你用一句話說出此刻的心情，只能用一句話。你想了一會兒然後說：「我還來不及享受，童年就要過去了。」聽了你的話，我裝得好像很輕鬆的樣子，心裡卻沉重得不得了。我心想，你的童年就要過去了，我在你的童年扮演了什麼角色呢？**我多麼希望能有多一些時間和你在一起；我多麼希望與你在一起的時候，多做些分享。**

再多年之前，當你還在讀幼稚園的時候，有一次我接到園長的電話，她告訴我：「黑立行是我們園裡的寶，小朋友爭著跟他玩，老師、包括別班的老師都喜歡他，負責清潔的王媽媽每天都會來找他。」我聽得出來她的這些話是眞誠的，坦白說，我第一次分享到了你的榮耀，心中充滿了感恩（得意的心情少之又少）。

一來，我想到你今生將在豐厚的愛中長大，也因而會滿懷自信、常有愛心；你比較會關懷他人，給別人更多的影響力。另外，你還那麼小，還沒有比別人多付出了什麼，卻獲得了那麼多，這像是一種恩賜。怪不得我感恩的心情會那麼濃。

在山頂上，我要你用一句話說出此刻的心情，只能用一句話。你想了一會兒然後說：「我還來不及享受，童年就要過去了。」

在你讀小學五年級的時候，有一次我們全家人一起看《天才老爹》電視劇集。記得嗎？那是一個黑人家庭的連續劇，爸爸是醫師但很會耍寶。家裡有四個不同年齡的孩子。經過好幾次捧腹大笑之後，寇斯比又展現了一段絕活，這時，你站起來，指著電視機說：「眞的太像爸爸了，眞的太像爸爸了。」

現在我可以告訴你，那是我一生中所聽到的最好的讚美。很高興我在子女心目中是像天才老爹那樣子的，有彈性，包容力強，大原則還是滿堅持的。你不說出來，我還眞的不知道呢！

寫這封信的當晚，我回家後，會將這封信放在你的床頭。隔天我們見面時，可能有會心的微笑，也可能會擁抱在一起。那時，我會默默的說：「奇異恩典。」

我知道你自己可以處理

那天下午和你在長途電話中談過話之後，我把辦公室門關起來，熄掉燈光，將腳翹在桌面上。一面好好回想一下剛才你講的話，另外，我也要好好享受一下心中那種「爲什麼我的運氣那麼好」的感覺。

「爸爸，很抱歉我沒有等到晚上十一點再打電話，」你故意裝做很輕鬆，緊接著你的聲調轉變了，「因爲我跟女朋友已經決定分手了。」我沒有問你原因，當然更沒有勸阻你，因爲——這是「你」的事。

對很多父母而言，這是最困難的一點——他們總把小孩的事當成自己的事。一般而言，我們比較敬佩爲子女奉獻一切的父母：早上很早就起來爲孩子做早飯，把

直到多年後，當我自己也有了四個小孩，當我的小孩也都長大成人之後，我才發現做一個不辛苦、不操心的父親，比做一個勞累奉獻的父親要困難得多。

該換的制服準備好。我的一個好朋友夫妻倆還輪流陪小孩做功課，小孩多晚睡，他們就多晚睡。星期六晚上有的父母會等門（讓小孩知道父母多為他們操心）；小孩一放下電話，他們立刻問是誰打來的。還有就是，告訴小孩他交往的對象不好。

可是，孩子應該什麼時候開始練習要求自己呢？例如，上學不要遲到。什麼時候開始練習自己做判斷呢？特別是父母不在身邊的時候。就像你現在一樣。

思考、判斷、做決定都需要練習，而且是要經過多次、長期的練習才會具備的能力。很多父母卻一直在替小孩思考、判斷、做決定，還假設他們一進入社會就自然會有這些能力。

※

在你祖父八十歲生日的宴會上，我曾向所有來賓說，直到多年後，當我自己也有了四個小孩，當我的小孩也都長大成人之後，我才發現做一個不辛苦、不操心的父親，比做一個勞累奉獻的父親要困難得多。那時候，我發現你的祖父、祖母都在會意的微笑。

有時，當我看到你跟年幼的弟妹說話口氣那麼尊重；當我看到你在主持同學會時充滿自信的神態，我內心也會有那種微笑。

就像現在，我也沒有問你會不會寂寞孤單，因爲我知道你已經具備自己處理問題的能力了。

孩子，是你讓我覺得自己很重要

那天接到妳的電話，眞是高興。每次我打電話回家請妳幫我找資料，沒過幾天妳就有回應了；我喜歡拖延的毛病，妳一點都沒有遺傳到。

每次我託妳幫我辦的事，無論是買書、買剔牙齒的用品，妳都會把它當成重要任務，立即去辦，有時候還會發現新東西，連它們一起買了。說眞的，**每次的經歷都會讓我覺得自己很重要**。

雖然妳是我女兒，但我常覺得我們有朋友的那種情誼。妳說是嗎？

那天妳說，在找東西的時候，發現資料袋裡我保存了很多別人寫給我的信，有的二十多年了，有的三十多年了。妳說，因爲那時候還沒出生，所以看的時候有種奇妙感覺。的確，親眼看到自己出生前他人寫下的筆跡，觸摸發黃的信紙，的確會引發很多聯想。

DiXon總裁已經退休、Carlson執行長現在已經不知道到哪裡去了，想當年他們都是高科技的要角。有的人已去世，有些人近況不太好，他們好像都很欣賞我。你說，想不到以前有那麼多人讚賞我、嘉勉我。我覺得很高興。

那些慷慨的讚美對我是種肯定，也是種激勵，也因而我把那些信留到現在。聽妳那歡喜、眞誠的口吻，讓我覺得這些信更加寶貴——因爲它們能夠讓我的好女兒分享到這份成功的喜悅，也使她更成熟、更熱愛生命。

好像是哥德說的，「能分擔他人憂苦的是人，能分享他人成就的是神。」這句話似乎刻薄了些，但也很接近事實。要是有人告訴我，他的父親得了重病，他很難

人的一生都在追求重要感，為了能獲得重要感：有的人要念好多年的書拿博士；有的人要賺錢再賺錢；有的人要服務，做公益活動。像尼采說的，人總會找到辦法獲得重要感。

過，我也會很難過。但要是有人「混」得不錯，大賺大發或平步青雲，最好不要來跟我講；或是，他不找我的話，我絕不找他。

做個能分享他人快樂、成就的人，多好！

有些人能分享親人的成就，而朋友或同事的成就就難以「普天同慶」。因此，當我聽到妳仰慕的聲音時，也希望有朝一日妳能將範圍擴大，真心發掘其他人的優點，並且告訴他妳是多麼欣賞這些優點。就像這次一樣，妳看到那些讚美我的信，好高興，立刻打電話告訴我，對朋友、同事也要如此。

※

卡內基認爲，人的一生需要覺得自己很重要。但不知道爲什麼，重要感眞的很難得到。人的一生都在追求重要感，爲了能獲得重要感；有的人要念好多年的書拿博士；有的人要賺錢再賺錢（或捐錢再捐錢）；有的人要開名車，戴名錶；有的人要服務，做公益活動；有的人要偷竊；有的人要殺人。像尼采說的，人總會找到辦法獲得重要感。

如果我告訴你，妳已經擁有給予他人重要感的本事了（多麼值得慶幸的本事），妳一定很開心。妳的這通電話讓老爸覺得自己很重要，與妳交往的人們也一定有這種感覺，妳眞的好有福氣。

孩子，我還有好多事要和你學習

你又要回史丹佛大學去了，你我都有一種說不出來的感覺。

前幾天我在機場爲你送行的時候，你望著停機坪，喃喃自語說：「現在應該是難過的時候才對。」我可以了解你當時的心情，又要與家人分開了。學校開學後，又一次要與陌生人住在一間宿舍裡，上新的課程，與新的同學交往。但我現在要告訴你的是，**你不一定非要難過不可，更不應該覺得別人在道別時都會難過，你就該難過。**

想想，你馬上就要進入那麼美的校園（這是我一生的夢想），認識那麼多新的朋友，眞應該覺得興奮才對。

去年，我到史丹佛去看你時，就對那所大學很著迷。我們倆一起在校園的教室祈禱，陽光從彩色玻璃照進來，好像將不同的時段串連成一整體，感覺像是接近永恆。你和我之間的距離也從來沒有比那一剎那更接近。你看，當兩個人在想同一樣事情的時候，這種感覺最爲明顯。

我沒有問你在祈禱中想的是什麼？但我想人在那樣的氣氛中，尤其是父子二人，一定會想到恩典、感謝、惜福。今天，有多少大學有青青草地，有多少大學有莊嚴肅穆的教堂，讓人徘徊，讓人靜思？現在你一定比較能了解，爲什麼我是那麼羨慕你的校園生活了。

有人說，人在年輕的時候應該多交些朋友，因爲年長後就沒有能力再交朋友了，你以後也會有同樣的感受。進入社會後要忙著工作，緊張與壓力日增，接著還要組織家庭，忙小孩的事。我不是說這有什麼不對，但我眞的認爲現在是你交朋友的黃金時期，以後也不會再有了。

我沒有問你在祈禱中想的是什麼？但我想人在那樣的氣氛中，尤其是父子二人，一定會想到恩典、感謝、惜福。

如此看來，你真的應該高興才對。明天，你要面對的是好美的環境，會擁有很多啓迪人心的靈感，交到新的朋友，當然，也會面臨新的挑戰。

你說，想不到一個暑假這麼快就過去了，但願能多一點時間跟我在一起。你知道嗎？聽到這句話，眞的讓我很得意。有些話可能我不好意思向別人說，但我希望你能知道，我以你爲榮。

你說，從我身上學到很多，也希望將來和我一樣。但我更希望你能知道，我也從你身上學到一些事，例如不要那麼計較過去（這點年輕人都比較有辦法）；祝福那些不再交往的朋友等。天知道我是多麼需要這些本事。

希望有愈來愈多的父母能跟自己的孩子多學習。一旦開始，他們會發現自己眞有福氣。

願你一生都能做自己的主人

每個父母早晚都會覺得孩子長大成人了。這無關孩子已長多高，或者幾歲了，而是從親子關係的互動中，產生了這種領悟。

那是一次似乎微不足道的開車經驗，但從那次經驗中，我清楚覺得你已經長大。哦，不對，應該說是你已經會控制自己的情緒。因爲很多人年齡已經很大，其實並不成熟。

※

那天我們父子倆從海邊開車回來，在經過一段窄路時，突然有一部車從我們右後方超越到前面，你立即按了一下喇叭，他也立即回了你一個骯髒的手指頭（他開的是輛敞篷車）。不久到了十字路口，就在路燈變黃的時候，他呼嘯而過，並且在確定你已經停下來後，狠狠的向我們做了幾下大手勢。

坐在旁邊的我一句話都沒說，只用眼睛餘光看看你。你停了幾秒鐘之後，用平靜得不得了的聲音，幾乎像是自言自語的，慢慢的說：「我故意不追上去，讓他走掉，因爲我還在氣頭上……」你知道嗎？在那一剎那，我眞的以你爲榮。當時我在想，但願我也能經常像你這樣——做自己的主人。也希望你未來一生當中能常常做自己的主人。

好比剛才，如果你選擇追上去，廝殺一番，可能是一場車禍，也可能兩個人打得頭破血流。那麼，你就是做了情緒的奴隸。選擇仇恨、暴力、敵對、疑懼、憤怒的人，眞的很划不來，因爲這些情緒可以決定你今天能睡幾個小時，或根本睡不著；這些情緒可以決定你今天吃得下多少東西，甚至決定你今天的工作績效，決定你與家人在一起快不快樂。最慘的是，有人每隔幾天，甚至天天都做這樣的選擇。

另一些人卻不一樣。像你那天開車時的反應，你選擇的是自制、祥和、溫馨、包容、原諒。我曾多次轉過頭去看你的表情，你很快就恢復平靜，開始跟我談一些學校裡的事了。坦白說，我當時沒有在聽，因為我在想，**你未來的一生雖不敢說一定多姿多采，但你的確已掌握了成功與快樂的關鍵，那是工作、婚姻、交友都不可或缺的——做自己的主人。**

※

有個故事說，一名武士去請教長老有關地獄與天堂的道理。那位長老表示他很忙，沒時間跟他這樣粗俗的人講話。武士一聽立即把刀拔出，想把這無禮的老人殺掉。此時長老就跟他說：「這就是地獄。」武士聽了覺得自己真的太衝動，太失禮了。於是把刀插回，並且道歉，「你看，這就是天堂。」長老說。

如果你選擇追上去，廝殺一番，可能是一場車禍，也可能兩個人打得頭破血流。那麼，你就是做了情緒的奴隸。選擇仇恨、暴力、敵對、疑懼、憤怒的人，真的很划不來。

當我們與他人相處時，如果經常心懷猜忌、憤怒、報復，我們就是在選擇地獄。當我們選擇包容、原諒、了解、寬恕、關懷，我們就是在選擇天堂。

你看，地獄與天堂都只是一種選擇，最妙的是，我們有百分之百的選擇權，而你選擇了天堂。

尊重他人與自己的不同

剛才候機室廣播宣布，飛機因爲濃霧要延遲一小時起飛，我可以聽到大家抱怨的聲音。可是剎那間，我卻聽到自己心裡在說：「正好可以利用這時機跟想念的人談談心。」而我立刻想到了你。

不久前你問我，怎麼會有那麼多東西寫？怎麼會有那麼多時間寫？我的時間跟大家的一樣多，每天一千四百四十分鐘。有人說，我們的時間永遠不夠用，但能有的時間我們都有了。

我也常常泡在電視機前面，什麼事都沒做。事後常會想，大家都會說時間就是金錢，但生活中最言行不一致的就是這一點。看電視時，好像時間都不值錢。然

想到你說過的一句話，你告訴我們，你跟新認識的女朋友說，「將來要是也跟爸媽一樣就好了。」這句話好好思索一下，真的很有意思。

而，每次像此刻一樣，能善用一段時間（一筆錢），特別是用來和家人談心，就會覺得頗有成就感。要是能經常如此該多好。

就以現在來說，這麼多的人在批評、抱怨、責備，他們對航空公司不滿、對機場不滿，焦慮轉機可能有問題，焦慮接機的親友久等了……我非常能理解他們的心情。只是，我多麼希望他們能體認「何不將注意力、精力集中在你可以主控的事情上」。像寫封信（天知道我們已經多久沒有跟心愛的人寫信了），看看書（隨身帶本書），整理未來一週的行事曆，把重要的事按優先順序寫在一張卡片上。

你看，霧是我們無法控制的，機場、航空公司的人也只不過是按規定行事而已，但瞬間他們變成了我們的敵人。我們的批評、抱怨、責備無法驅散濃霧，而且再憤怒下去會帶來高血壓、心臟病。

如果我們先接受這事實，心情很快就靜下來，這時候才有能力好好思考一下，轉搭另一班飛機到底有多嚴重，讓親友久等有多嚴重（他們多半會諒解）。與其採取消極、負面的態度，不如把自己變得積極、正面一點，做些我們能做的事，特別是做有意思、有價值的事，那就更好了。

這就是我現在的心情。

⁂

我想到了很多有意思的事。想到你說過的一句話，你告訴我們，你跟新認識的女朋友說，「將來要是也跟爸媽一樣就好了。」這句話好好思索一下，真的很有意思。**我知道你指的不是我們的財富、地位，不是我們的生活方式或工作，更不是我們的容貌或身體，甚至不是我們的才能。我猜想你指的是我們的生命力與目標。**

小時候你那麼愛玩、愛鬧，因而受到的責備比較多。你的功課沒有哥哥、妹妹那麼好，但你一點都不覺得有什麼不舒服，成天跟他們玩得很開心。開心到什麼程度呢？開心到他們在你面前一點優越感都沒有。這點是我最常引以爲豪的。

有時，我看到某些父母特別喜歡功課好的小孩，我眞的覺得很惋惜，孩子與你之間是一種生命的關係，不該因爲任何事而有所差異。而今，你醫學院都快畢業了，我們沒給你壓力，你自己不覺得苦，而且比以前更快樂，與兄妹的感情也更好。我們讓你按自己的模式長大，按自己的幅度發展。如果這是你佩服我們的地方，我們當然欣然接受。

你看，造物主最了不起的地方，就是創造了各種不同的人，不只膚色、頭髮、高矮不同，每個人的個性、想法、才能也都不同。祂接受這些不同之處，而且還予以尊重，尊重到寧願讓他們犯錯（或犯罪）。

這些年來，我也一直努力做到這點。坦白說，要想尊重他人與我的不同，的確不是一件容易的事。親人之間更難，多少抗爭、破裂，就是因爲我們一昧要求他人跟我們一樣。我知道我不可能完全做到，甚至不可能經常做到。眞能那樣，我就跟造物主一樣完美了。但如果尊重他人是那麼寶貴、那麼崇高的一種德性；是連造物主都那麼重視的德性，那麼我只要一天比一天做得更好，不就愈來愈接近造物主了嗎？

霧已漸漸散去，大地也不再那麼朦朧，一切都變得比剛才突出，形態也愈顯具體。我剛度過了寶貴的一段時刻，等一下就要與其他旅客一起上飛機，他們會發現我眼睛大大的在笑，好像剛擁抱過什麼一樣。

感謝你沒有失去被感動的能力

人與人之間心靈交會時是那麼奇妙。此刻我一面寫，心中一面默禱，但願你有時間、有好環境慢慢看我這封信，我有太多話想和你談。你才十五歲，可是想法卻那麼成熟，你有理想，但也非常踏實；你很想找到自己的方向、目標，也很慷慨的爲他人著想。

你說你是多麼企盼溫馨的交談，特別是父親與孩子的分享；你也懷疑這世界是否不公平，因爲貧困家庭中，打罵怒吼的機會總是比較多。記得《潮浪王子》[8]這部電影，男主角一開始就說，他很好奇那些平安無事的家庭日子是怎麼過的，不知道人在沒有重大事故發生的童年長大，會是什麼樣子。當時我就在想，眞有這麼平順的家庭嗎?但願有,只是我們很少會遇到。

你說你將來的第一志願是希望能幫助別人建立自信,培養溝通的能力,你甚至認爲這樣比成爲醫師、律師、工程師還有意義。這些教育家們想改革、但還沒有完成的,你十五歲就有這樣的志向,恭喜你。

⁂

我有兩個朋友,家庭狀況很相似,兄弟姊妹很多,父親凶得不得了,父母親感情不好。現今這兩人都結婚了,小孩也已長大,不同的是,其中一人沿襲了父親的習慣,常大聲罵人;另一人卻成爲我們很多朋友都稱讚的好父親。每當我們看到他跟小孩談話的樣子,把小孩當大人一樣,雖然我們口頭不會說,但心裡常會想,但

8 《潮浪王子》於一九九一年美國播出,由芭芭拉・史翠珊執導,由她本人及尼克・諾爾蒂等人主演。故事改編自Pat Conroy一九八六年出版的同名小說。電影描述了兩個寂寞的成年人攜手面對彼此的傷痛,走向新生活的故事。

我十五歲的時候沒有你這麼開朗、這麼積極;我那時根本不敢分享自己的感受,也不知道未來要做什麼。我特別高興你說,自己沒有失去被感動的能力。

願我也能如此（我就是其中之一）。

你看，很多事由我們開始，不是更開心，更有滿足感嗎？尤其是對別人影響深遠的事，像關心、尊重、了解。我相信你就是這樣的人。

我十五歲的時候沒有你這麼開朗、這麼積極；我那時根本不敢分享自己的感受，也不知道未來要做什麼。我特別高興你說，自己沒有失去被感動的能力。我要告訴你，這是最寶貴的能力，你未來的成長、對他人的影響都有賴於這種能力，希望你能長久保持下去。

情感財富要存得多才會幸福

女兒，這是我十幾年前，在妳快結婚時寫的一封信，如今重讀還是覺得很有意思。現在，妳已經有三個孩子了，要不要再看一遍？

※

幾個星期前，我問妳母親我們該送什麼當做結婚禮物。她想了想也不知該送妳什麼。就在幾個小時之前，在三萬五千呎的高空，我想到一樣禮物——寫一封信給妳。這是我所能給妳最好的結婚禮物。

妳看過《屋頂上的提琴手》[9]嗎？那位男主角送女兒遠行，開始感嘆怎麼女兒

妳覺得婚姻的特點是什麼？是愛情？養育子女？家庭生活？還是很多人都必定會走上的路？我更喜歡的是，王爾德在某一劇本中的詮釋——婚姻是一種承諾。

都已經這麼大了。日出、日落，季節一個跟著一個過去，他不記得自己也在逐漸變老。

妳相信嗎，立琍，即將送女兒走上人生另一段路程的我，一點也不覺得自己年老。二十九年前，在新生南路聖家堂裡，牽著我的手走向祭臺前的是妳母親。再過幾天，我的女兒也要在聖樂中走上人生的另一段了，因而讓我想到，人生本來就是分成好多個階段，妳我都即將開啓新階段的生活。只不過妳可能比我興奮多了。

妳覺得婚姻的特點是什麼？是愛情？養育子女？家庭生活？還是很多人都必定會走上的路？我更喜歡的是，王爾德在某一劇本中的詮釋——**婚姻是一種承諾**。

每對新人在婚禮中都向對方做了一項承諾，那是人生最重的一次承諾。我常想，要是婚禮能寧靜一些，讓新人多想想這承諾該多好。人在其他的日子，像喬遷、畢業、生日都不會請那麼多親友來。我們之所以邀請那麼多人來參加結婚典禮，是因爲要讓他們都能爲我們的這項承諾做見證。以後，當你們倆開心的時候，你們會想到彼此曾分享諾言；遇到挫折時（你們必定會有），想到這承諾，一定有助於你們相互支持、激勵，因爲這是你們認眞，而且全心同意的諾言。

我這一生只有一次牽女兒的手走向聖壇的機會，我會盡可能走得慢一點，將所有親友的眼神與祝福都拉攏過來，交給妳與那位幸運的新郎。我要在祭臺前熱心爲你們倆祈禱，求天主賜給你們寵佑，好好的開創新生活。有人將婚姻視爲支票戶頭，只顧支出、花用，最後會用光，甚至成爲拒絕往來戶。有人將婚姻視爲存款戶頭，他們會不斷投資、生息，以度過美滿的人生。妳小時候就很喜歡存錢，以後在婚姻生活中會存得更多，也因而更爲富有。想到這裡，我眞的覺得欣慰多了。

9 Fiddler on the Roof，一九七一年的美國電影，由Norman Jewison執導，Chaim Topol、Norma Crane、Leonard Frey、Molly Picon、Paul Mann主演。同名舞台劇搬上大銀幕的歌舞片，以二十世紀初期的烏克蘭鄉下爲背景，描寫個性樂天安命的猶太裔農夫特維，跟妻子和三個女兒之間的故事。

表達關心，多讚美

「謝謝妳給我的卡片，這張卡片眞的對我很有意義。這一年家裡只有妳一個人，希望妳好好照顧自己。很高興Tim就在附近。」

這是你回家時留給姊姊的一張便條，我看到了後趕緊轉身到牆旁邊去，因爲我哭了。不知爲什麼，我感動得無法克制自己。直到現在，我在機場候機室裡寫這封信給你，眼眶還是濕濕的。

那天，我們父子倆一大早就忙著裝行李。腳踏車、電腦、網球拍、書、女朋友的照片，裝了一車。當然，你一定也將美麗的童年一起裝上車了。發動車子前，我小聲地說：「我們做個簡短的祈禱吧！」你立即低下頭，閉上眼睛，當時我就頗有所感。回想以前我們住在新店花園新城的時候，每天早上你坐我的車子下山，那時你才六歲。在彎彎曲曲的山路上，我也會問你，要不要祈禱一下，然後我就會從眼角餘光中看到你兩隻小手捧在一起，靜默幾分鐘。現在你都已經念大學了。

我不知你姊姊給你的卡片說了什麼，我感受良多的是，你們四個小孩之間的手足情誼；還有就是，**你們都很願意表達出來**。我們這一代的人，不知道爲什麼，兄弟姊妹之間的感情好像沒有那麼濃。可能是因爲生於戰亂，歷經貧窮，過多的奮鬥求生的意志、過多的競爭壓力，使我們在長大的過程中，沒有投入足夠的時間、精神在手足之誼上。眞是可惜。

其實，**這種關懷、祝福的心情單放在心裡還不夠，需要表達出來**。有些人覺得只要有這個心意就好了；有些人相當有把握「自己不說對方也該知道」；有些人就是無力表達，因爲太肉麻；有人甚至覺得那會有點虛僞或做態。你們沒有這樣想，眞的好有福氣。

為什麼有些人有很好的工作，有妻子、小孩，卻顯得好孤獨。他們什麼錯事都沒做，只是該做得更積極而已。

向妻子、丈夫、父母、子女表達自己關心的人，眞的好有福氣。其他像感謝、肯定、賞識、讚美也都是種習慣，也可以說是一種正向的態度。養成了習慣就會一直做下去，而且還會延展到同事、朋友身上。這樣的生活多有意思啊！

這幾天我常在想，爲什麼有些人有很好的工作，有妻子、小孩，卻顯得好孤獨。他們什麼錯事都沒做，只是該做得更積極而已。告訴對方很想念他，告訴對方你很珍惜這段共處的時光，告訴他你多麼以他爲榮，就像你姊姊寫給你的賀卡一樣。我眞的以你們爲榮。

幾年後，你們就要進入社會，結婚生子。相信我的這種感受將與日俱增。

願意分享他人的成功與喜悅

我想告訴你，我覺得那一個晚上好珍貴。

你問我人最難處理的情緒是什麼。我本來想說那是因人而異的，但不知爲什麼我改口說：「你已經有答案了，爲什麼還要問我呢？」

「你這樣講，好像知道我最頭痛的情緒是什麼。」你說話的時候有點無奈，也有點感傷。

「至少我知道最困擾我的情緒是什麼。」我也變得有點嚴肅了。

承認自己的毛病（我不是指那些無關緊要的），已經不容易了，能像我們這樣

小學、中學、大學都在養成我們跟別人競爭的心態。當然，父母可以給功課好的孩子買腳踏車，但不能讓功課不好的孩子覺得，只有功課好才能得到父母的愛。

誠摯的分享，除了有遇到知己的感覺外，那天晚上我眞覺得自己成長了。

你告訴我，這二年來你的一個好同學買賣房子賺了很多錢，他在一家外商公司擔任經理，最近被派到紐澤西州公司的總部工作，半年後回來就要負責臺灣公司的業務。眞是好上加好。但你不知道爲什麼愈來愈討厭他，看到他就不舒服，有時候坦白講還希望他倒個楣。其實我們都多少會有類似的反應。

父母在我們很小的時候就讓我們感覺到，他們更愛功課好的孩子。老師愛拿我們跟別的同學比；他能考九十分，你爲什麼不能？好像我們的價值是比出來的，個人本身沒有價值。小學、中學、大學都在養成我們跟別人競爭的心態。當然，父母可以給功課好的孩子買腳踏車，但不能讓功課不好的孩子覺得，只有功課好才能得到父母的愛。

以前的已經過去了，誰也不要怪。以後的事我們可以選擇，決定自己要不要分享他人的成功與喜悅。只因刻薄、忿恨是那般難受。

哥德曾說過：「能分擔他人憂苦的是人，能分享他人成就的是神。」如此說來，這是人的老問題了。

選擇想做的事不需要理由

星期五我們全家到機場給你送行。從大家的表情可以看得出來，這個暑假我們一家人在一起，覺得好開心，好爽朗。感覺上，好像已經很久沒有這樣了。

在回臺北的路上，我問你的哥哥、妹妹和弟弟一個問題：「黑立國爲什麼要在臺大前面的地下道裡吹薩克斯風？」（等一下我再把他們的回答告訴你）因爲你到灰暗、悶熱的地下道去吹樂器這件事，這幾天一直縈繞在我的腦海。

我愛想像你吹奏「I Did My Way」、「Dying Young」的神態，想像低沉、浪漫的薩克斯風音韻在過路的人身上造成了什麼迴響。有的人，不知是什麼人，會丟下十元、五元，（我知道沒有人丟一百元，因爲一共只有九十五元）。有的人可能是基於同情，有的年輕人可能很佩服你的勇氣。浪漫一點的人可能在想，這個流浪漢下一站會是哪裡呢？當然，大多數的人還是會很快的走過你身旁，不然的話，你的薩克斯風盒子裡不會只有九十五元。

那些頭也不回地從你身旁走過的人，他們在想什麼？我不知道。你也不知道。最有意思的是，可能他們也不知道自己一面走一面在想什麼。他們是那麼急、那麼忙，趕快走過這段地下道，趕快上車。到了目的地後，可能還需要弄清楚來幹什麼。他們大多數很冷漠，頂多用餘光瞄你一眼。即使很好奇，也不敢在你面前停下來；即使想聽，也還是要繼續走。他們覺得自己有義務表現冷漠。

更有意思的是，我很好奇的想像，要是他們知道你是黑幼龍的兒子後，會指手畫腳說些什麼。而我卻不需要問你這個問題；你沒有想自己是黑幼龍的兒子，或可以或不可以在地下道吹奏樂器。你根本不管他們怎麼想。

你沒有想自己是黑幼龍的兒子，或可以或不可以在地下道吹奏樂器。你根本不管他們怎麼想。

你猜你的哥哥、妹妹和弟弟認爲你在地下道吹奏樂器的理由是什麼？「他想嘗試自己沒有做過的事。」「若非如此，他到哪裡才能找到在人群前面吹奏的機會？」「他不認爲自己需要一個理由才能做這件事。」

聽了他們的話之後，我覺得很滿足。你已長大成人，可以選擇自己想做的事，有時候不一定需要理由。

構圖力，溝通的關鍵

我現在正在香港機場準備轉機，廣播宣布到青島的班機要延遲起飛，延遲多久不知道，你可以想像候機室此刻的混亂。本來我也有點煩，後來卻告訴自己，爲什麼不閉上眼睛，想想現在該想什麼呢？

我不由得會想到自己的好運氣。

《A到A+》[10]這本書提到，在訪問卓越的企業負責人時，他們對於成功因素的

10 本書由柯林斯（Jim Collins）帶領的研究小組，以實事求是的精神、嚴謹的態度，花費五年時間，探討企業從優秀到卓越的轉變過程，以及如何讓已經表現優異的企業，持續展現出類拔萃的績效。二〇〇二年遠流出版。

答案很多竟然是：運氣好。除了感謝上蒼的恩賜，眞心慶幸運氣好之外，如果我眞的還要想自己生命中最有意思的事，或自己覺得做得比較好的事，會是些什麼事呢？

那一定是構圖的能力，稱之爲「想像力」或「聯想力」也可以。**將一個訊息、一個事件、一個經驗、一個事業構築成一幅圖畫，有色彩、有動作，自己也在裡面，一定很有意思。**

美國身價最高的電視節目主持人歐普拉（Oprah Winfrey）認爲，精采的溝通就是將訊息變成畫面，並且幫助別人在他的腦海中畫這幅畫面。我們不但要會在自己的腦中構圖，還要能畫給別人看，也就是用圖畫來表達我們的想像力、聯想力，讓別人畫下深刻印象。

於是，像林肯、羅斯福、邱吉爾、雷根，甚至包括柯林頓，這些政治人物能發揮那麼強烈的影響力；像莎士比亞、雨果這些文學家能寫出震撼的巨作。還記得

《鐘樓怪人》這本書的起源嗎？雨果在巴黎聖母大教堂的一個角落，發現牆上刻有「ANIK」這個字，這個字在希臘文裡是悲痛、焦慮的意思，就這麼一個字，讓雨果寫出了這麼偉大的一本著作。雨果的想像力、聯想力是多麼豐富。

我很喜歡的一首歌是「日出、日落」（Sunrise Sunset），這是《屋頂上的提琴手》裡的一首歌曲。電影的畫面是父親送長大了、想要出門遠行的女兒搭乘火車。父親唱著：「這就是我常抱在手上的女孩嗎？她什麼時候已經長得這麼高了，我怎麼一點都不覺得老哩！日出、日落、日出、日落，一個季節跟著一個季節過去……。」於是，我在小兒子的婚禮上，用這首英文歌做背景並朗誦中文歌詞。後來好多朋友告訴我，他們好喜歡這一段，我自己也很開心。這就是溝通。二十年前，聽到卡內基訓練，我開始編織一個夢，再全心全意的投入這個願景中。從一位學員都沒有，一直到現今的過程，最大的推動力可能就是——聯想。

聯想，常常做的話，會改變人的一生。

精采的溝通就是將訊息變成畫面，並且幫助別人在他的腦海中畫這幅畫面。

追求快樂，全力以赴

眞的很難想像你已經即將長大。

最近我常擔憂，不知道你能不能適應新環境？不知道你喜不喜歡新交到的朋友？不知道你開不開心？

今天臺北下著大雨，我撐著雨傘，沿著關渡的小路漫步。摩托車、汽車一輛輛從我身邊閃過，留下的是消不去的黑煙。我一個人漫無目的地徘徊，突然間，在一位大專生的摩托車越過我之後，我想到我該擔心的其實是我自己。

過去一段時間，我都理所當然地擔憂你太年輕。其實，或許是因爲我已年老，所以才會如此。我該學習調適自己接受老年的生活，接受空巢期才對。

過去我常擔憂你交的朋友不好，那些人會不會把你帶壞了，其實我該擔憂的是，自己很久沒交新朋友了。想到你那麼喜歡迪斯可，我就很煩，特別是酒吧的亂象。我更該想想自己已經多久沒有享受「攪和」的樂趣了，無論是打牌、擺龍門陣、喝酒。以往那些樂趣到哪裡去了？那些老朋友呢？

我不喜歡你的衣服，因爲太花了。我爲什麼不想，已經有很多年對新衣服不感興趣了，甚至連對搭配都覺得沒什麼意思了。

想想多年來，我已習慣於「不要做什麼事」的思考、行爲模式，現在該是改變的時機了。**有人說，人到了老年很少後悔自己做過些什麼事，他們後悔的多半是沒做過的事**，如果再次年輕，他一定要——買些畫筆、畫布，畫些唯有自己才看得懂的畫；買一臺有長距離鏡頭的照相機，到忠孝東路去拍攝一些人物特寫，放大幾張

過去我常擔憂你交的朋友不好，那些人會不會把你帶壞了，其實我該擔憂的是，自己很久沒交新朋友了。

掛在辦公室，讓別人去猜是哪一位攝影大師拍的；到爵士樂的酒吧去泡到深夜，聽黑人的無奈歌聲，看得意與失落的模樣；去找到一些自己不能改變的事。

記得《麥迪遜之橋》[11]電影中，梅莉史翠普在遺留給兒女的信中說：「人生就是要追求快樂，當你們找到快樂的事，一定要全力以赴。」

我們也要找到自己最想要的，然後全力以赴。

11 The Bridges of Madison County是一九九五年根據美國同名暢銷小說改編而來，由著名導演克林．伊斯威特親自執導並主演。故事發生在一九六五年夏天的愛荷華州麥迪遜縣。一個寂寞的家庭主婦Francesca在丈夫與孩子們外出時，遇到一個來當地拍攝廊橋的攝影師Robert，並且與他迅速墜入愛河。相處四天後，她在晚年把這段經歷寫出來，並要求孩子在她死後把骨灰灑在廊橋旁。

輯三・父母們，我想你們應該知道

To My Dear Friend

你有沒有想過，這個世界上最微妙的事，就是人參與了生命的創造。無論你信的是什麼宗教，造物主創造的天地萬物中，人是最特別的、最像祂的，最接近祂的。這項奇妙的工程，上蒼選擇了人與祂配合，一起、繼續，恆久的創造生命。

我今年已經八十歲了。我也為這個世界留下了一些痕跡：我的四個孩子，他們的伴侶，還有十一個孫子女（其中一個已經蒙召升天，但又領養了一個孫女）。

幾年前，在一個高階領導訓練班上，我請每一位同學都想出一件最有成就感的事，想到了後，再去與另一位同學分享。

有一位女士聽了對方的分享後，回到自己的座位時，竟激動得流淚。我請她向全班同學說明為什麼她那麼感動。原來是因為那位男同學和她說，他最有成就感的事是他最近有了孩子，抱著這個小Baby，看著他的五官，他感嘆生命是那麼的奇妙。他竟參與了創造生命的偉大工程。

想想也真是。**兩個不同的生命結合後，產生了一個新的生命。這個新生命帶有些父母的特質，但又是另一個全新的人。**他現在是那麼無助，需要完全依靠父母才能生存下去。但又是一個獨立的生命體。而且愈來愈自主自立。

不知道這位男同學有沒有繼續思索這個小Baby後來會說話、會走路的樣子。或許那時的父親會忙著工作，回家已經很累了，很少留意孩子，等到孩子進學校讀書、考試，煩惱就跟著來了，那時候，可能更沒有心思欣賞這新生命的奇妙了。再過沒多久，他可能叛逆，可能面臨升學的問題。再過幾年，他就會「離家出走」，父母又回到了原來二人在一起的樣子，只是人事全非。

就像花園的園丁一樣，先要播種，花苗長出來了，**父母要澆水，施肥，但不要忘了，園丁是要照顧這朵花，長成它應當長成的樣子。**它可能是玫瑰、可能是康乃馨，或大理花，更複雜的是還有千變萬化的顏色，好園丁真的會一邊澆水、一邊欣賞，然後說：真美。

人比花還要多樣化千萬倍，而且每一個人都不一樣。每一個人的容貌、身高、興趣、個性、專長都不一樣。發展的速度、幅度，和轉折點也都不一樣。而且成年以後還在繼續發展。做一位好父/母親，遠比做一位園丁難得多。

你看過《大河戀》（A River Runs Through It）這部電影嗎？一個典型的好家庭，兩個男孩卻從小就不一樣。老大循規蹈矩，結婚生子，後來成為教授。老二從小就叛逆，惹事生非，長大後酒色財氣樣樣來，最後與人打架致死。

同一個家庭，同樣的父母，接受的是同樣的管教方式，進同樣的學校讀書，周圍是同樣的鄰居相伴，生活在同樣的農村小鎮，同樣有一條河穿越它……兩個孩子從小到大都完全不一樣。人有限的智慧真的很難了解無限的造化。

做父母真不容易！

這故事最感人的部分是，雖然小兒子是這般模樣，酒色財氣樣樣來，身為牧師的爸爸還是很愛他。他在最後一次證道時，向教堂裡的信眾說，他發現自己雖然不了解某一個人，但還是可以很愛他。大兒子（這本書的作者）坐在前排，他知道父親指的是弟弟。

能有這樣胸襟的父母真了不起。他可以欣賞、分享另一個生命的誕生與成長，支持他，陪伴他。然後在宇宙億萬光年的進化過程中，留下一絲痕跡，就像河水流過岩石一樣。

書念得好不一定代表成功

有沒有考進一流的大學，可能是孩子最大的壓力來源，但好像這問題帶給父母更大的壓力。

如同好多年以前，我曾經發誓，再也不問女孩子什麼時候要結婚，因爲這是一個最不該問的問題。前幾天，跟你談話，我也告訴自己，以後再也不要問別人：「小孩考進了哪個學校？」因爲這是個最愚蠢的問題。

你告訴我，現在覺得最煩惱的就是這件事。考前別人都對你說，你的小孩一定沒問題，那麼聰明，一定能考上名校。放榜後，好心的朋友紛紛問起小孩考取什麼學校，這時候，你很不舒服，因爲她只考到了一家普通的大學。雖然學校也不差，但你還是覺得別人沒問該多好。

有人關心我們是件好事，唯獨在沒考取名校的時候例外。你看，大學聯考除了會剝奪童年的樂趣，妨礙培養創意的機會之外，連「關心」都會因爲有沒有考上名校而改觀了。

我接觸這麼多人，感想之一就是，很多聰明的小孩都考不取清華、北大、交大、臺大。我不是說考取名校的都是笨小孩，但我敢說，進了好學校並不代表成功。

希望小孩成功，正是我們當父母的「第一志願」。成功的意義爲何？美滿的婚姻及家庭生活一定占有相當的比例（可能是很大的一部分）吧！那麼，從交異性朋友算起，到談戀愛、結婚、親子關係，都與我們的分數成績無關。大學考試也不考婚姻生活所必須的自信、溝通能力、人際關係、包容。

許多調查都顯示，專長、學問對事業的成功只占二〇%的影響，自信、熱忱、與他人合作、領導能力才是成功的主要因素。

工作更是如此。許多調查都顯示，專長、學問對事業的成功只占二〇%的影響，自信、熱忱、與他人合作、領導能力才是成功的主要因素。而我們的青少年在成長的過程中，爲了準備考試，只有放棄這些部分的進步。

※

有一次，某家人力網站訪問了一百多家高新科技公司的人力資源主管，問他們最期望新進工程師具備的條件是什麼。結果選「熱忱態度」的最多，比「專業能力」還要多。有位主管甚至表示，通常那些冷漠、孤僻的新進人員，幾個月後就會離開了。

我有一位在電腦公司擔任協理的年輕朋友，有一次他相當可愛的跟我說：「畢業後很多朋友都出國了，我沒出國。想不到幾年過去，他們拿到了碩士學位後，卻都回來向我報到。」

這個社會變得眞快，快到連好消息來臨的時候，我們都沒有準備好。大家都同意時代變了，有沒有想到「書念得好就會成功」的觀念也眞的變了呢？

想到你女兒充滿自信的神態，想到她在同學當中受歡迎的樣子，再將成功的景象與她連在一起，我的心情已好轉。相信你也一樣。

溝通最重要的是「聽到了什麼」

這是一個很特殊的夜晚。如果你現在駕著一架直升機，或者這樣說好了，如果你現在是太空超人，正在臺北上空飛翔、俯視萬家燈火，一定神氣得不得了。但當你從這家觀光飯店的二十一樓窗外飛越時，絕對不會想到我就在其中一間房間裡，好像比你還要得意非凡。

我從來沒有想到自己會突發奇想地到觀光飯店來住上一晚。當然，更難以想像的是，我在音樂聲中，在落地燈（不知爲什麼旅館都沒有天花板燈）前，首先想到的竟是給你寫信。

那天我在你家，看到你對你女兒那麼兇。我一句話都沒說。你責問她爲什麼抽菸，你罵她一點都不知長進，你怪她跟你說話沒大沒小的……要是在以前，你的每一句話我都會同意，因爲我也當過好幾年這樣的爸爸，那段時間眞是「悲慘世界」。

我在教訓子女的時候，眞是說得頭頭是道，起承轉合、抑揚頓挫，面面都顧到。可惜的是，有一點總是辦不到，那就是——沒有效果。無論我說得多好，他們一點改變都沒有。

溝通是件很有意思的事。溝通要緊的不在你說了什麼，而是別人聽到了什麼。與家人溝通尤其如此。廣播電臺儘管可以傳播有力的評論，但一切要以聽收音機的人聽到的爲準；有沒有雜音，有沒有失眞，或是別人有沒有打開收音機，都是我們該想到的。

也許你會很生氣，但我還是要說：「任何一種身分，包括爲人父，都不能保證

我在教訓子女的時候，真是說得頭頭是道，起承轉合、抑揚頓挫，面面都顧到。可惜的是，有一點總是辦不到，那就是——沒有效果。

溝通的效力。」說話的最高境界是說到對方想聽；聽的最高境界是聽到對方想說。雖然我們在溝通時效果無法每次都那麼好，但注意到這點的話，溝通就變得有意思了。

此刻我似乎眞的感受到你在那裡飛，我也在高處默默目送你一程。祝福你。

讚美，何時都不嫌晚

我知道你常被下面這些問題困擾著：有的人就是不習慣讚美怎麼辦？常讚美不是很虛僞嗎？有時候可能不用說出來，對方也會知道吧？

你的這些問題都很實在，但我更想用另一個問題來回答你的問題——我們能不讚美嗎？想想如果不讚美須付出那麼大的代價、承受那麼大的損失，我也不敢停止讚美。

某年過完年後，好像是初四，我的一位好朋友邀我到一家大飯店的咖啡廳聊天。他是一家美商化妝品、藥物公司的負責人，我們平常很少有機會見面。那天剛坐下不久他就向我大吐苦水，向我抱怨用人之難，抱怨每年要花那麼多錢徵人，還

卡內基說過，人有一種需要被讚美、被感謝的渴望。

要花好多時間面談，做專業訓練，但沒多久就都走光了。他的公司一年有三分之一的人離職，他們的待遇很好，休假、福利更比一般公司好，爲什麼人員流動率這麼高？他很納悶。

談了一會後，我問他上次讚美他的職員是什麼時候？他說，不記得了。接著又說，他很少讚美過職員。卡內基說過，人有一種需要被讚美、被感謝的渴望。（用的是craving這個字；就像喝酒的人，在沒有酒的時候的那種飢渴。）

有一次，我那正値叛逆期的男孩晚上在家說什麼就是不去做功課。我突然想到他的一篇文章登上校刊的事，就跟他說：「我一直以爲你的特長是數學，也很留意你的數學成績，因爲我小時候數學成績最差，想不到你的作文也很好，那篇文章寫得很感人，我還拿到辦公室去給爸爸的同事看了。」你不難想到，他聽了這段話後，很快就採取合作態度了。

在讚美中成長的孩子對自己更肯定、更有自信，將來與同事起爭執的機會較少，更不需藉離職來肯定自己的價值。現在開始讚美，一點都不嫌晚。

分享，很有意思

你知道我很喜歡我住的花園新城。這整個社區都在山林裡，一大早鳥叫聲就喚醒了我。住在山林裡就這好處，覺得自己彷彿是大自然的一部分。

昨晚跟你在電話裡談過後，我眞覺得你的小孩很有福氣，爲此我也聯想到很多事，有些是與自己童年有關的，有些是跟小孩有關的事。總之，你對孩子的態度，對我而言是股強大的衝擊力。

你在電話中沈穩又眞誠的告訴我，前幾天你收到女兒的一封信。女兒說，她因爲無法說出對你的仰慕，所以才寫信給你。她說，在她高三班上的同學中，很多人都羨慕你與她講話時的樣子、語調，好像朋友一樣。父親與女兒能像朋友一樣，這代表著什麼？

這代表著一種尊重。

每個年齡的小孩都配得上某種程度的尊重，青少年時期尤其需要。孩子跟我們說話的時候，我們關掉電視，放下報紙，專注聆聽他說話，就是一種尊重。我們會跟朋友一起去ＫＴＶ、跳狄斯可。如果能將兒女當朋友，我們也會和孩子一起去跳舞。

跟朋友談心、分享，多有意思；跟小孩談心、分享，更有意思。

說實話，你給我們幾個老朋友做了很好的榜樣。對你而言，幫助小孩成長已經不是一種責任，而是樂趣。有的父母選擇了總司令的角色，經常扳起臉孔發號施令，可能因爲他們過去當過不愉快的士兵。有的父母像品管部門的經理，常在小孩身上找缺點，找不到缺點的時候，會覺得自己不盡責。其實家應當比工廠溫馨才是。

你接受自己、接受他人的胸襟，為你帶來了莫大的自信，而自信常是我們尊重他人的原動力。

但你不一樣。你接受自己、接受他人的胸襟，爲你帶來了莫大的自信，而自信常是我們尊重他人的原動力。能尊重他人的人，在自己心中的形象一定相當高。談到這裡，我才眞正了解你女兒此刻快樂的心情。

花園新城的樹木，好像不怎麼需要照顧也能綠葉滿枝，小鳥在樹枝上好像永遠不會累，很可能，我們的孩子也是這樣。

你看，人與大自然還眞是滿接近的。

愛是尊重，不是複製

我現正在飛往美國的航行途中。周圍很多旅客都睡了，而我卻按亮了機艙頂的小燈，找出我最深層的想法來跟你分享。

我已經好久沒有這麼年輕過了。前一陣子，我看了兩遍《大河戀》[12]（A River Runs Through It）這部影片。好像只有年輕人才會這麼「瘋」吧？蒙大拿州的景色是那麼的美，如今蒙大拿州的村莊、河流還是與八十年前影片故事發生時一樣的美。（後來我眞的去蒙州玩了一次。）

12 《大河戀》改編自諾曼麥克連的同名自傳小說，曾於一九七七年獲得普立茲獎提名。導演勞勃瑞福細細琢磨，頌揚自然與詩意的人文景觀，被譽爲是他最優美的電影之一，也是布萊德彼特奠定好萊塢金童地位的經典之作！

與另外一個人一起生活，我們不但必須弄懂那個人才能調適，稍加練習，還可以快樂的與他相處在一起。

河流下一顆顆鵝卵石銘刻著大地的訊息。幾十年後的今天，如果我到作者所指的這條河去觀賞，一定會看到同一條河。河底的石頭上增添的訊息也只有那麼一點點，可能只是淡淡的一條痕跡。

當然，看完這部影片的最大感觸，還是人的有限。很多事情我們眞的不懂：這麼好的家庭，這麼好的父母，小孩長大了後爲什麼會變得那樣？同一個環境，同一個年代長大的兄弟，爲什麼會有那麼大的差異？

人眞的太渺小了，跟大地、宇宙比起來只是那麼一點點，跟創造萬物的造物主比就更渺小了。但感覺上，人卻似乎什麼都要懂才行，有時甚至覺得自己就是造物主。

身爲傳教士的父親在垂老之際，說了他心中最珍貴的領悟。他說，「我們不需要了解一個人才能愛他。」因爲他覺得自己還是很愛那叛逆的兒子，這是最眞誠的愛。

愛是尊重。

尊重另一個人的想法，雖然我們不見得能懂。即便親密如夫妻、父子，我都沒有權利要求他成為我的拷貝。那樣的愛一定是真誠。

愛是包容。花之所以美就是在於它的形形色色，人更是一樣。各式各樣的人都有，所以這個世界才美。我們除了要尊重另一個人的特點外，還要隨時調適自己。與另外一個人一起生活，我們不但必須弄懂那個人才能調適，稍加練習，還可以快樂的與他相處在一起。

電影演完的時候，我忍不住輕聲向旁邊的一對年輕人說：「這部電影好棒喔！」他們看了我一眼，會心地笑了。

不管孩子的父母更了不起

你現在覺得好一點了嗎？我不想安慰你，因爲我知道安慰沒有用。

小孩功課不及格，補習的時候溜出去玩網上遊戲，如果發生在我家裡，我也一樣會氣得不得了。此刻，要是有人跟你說：「到底是你小孩功課不好，還是你的功課不好？如果是你的事，你才應該這麼生氣難過……」你一定聽不進去。

雖然我們做父母的都不能接受這種「不合情理」的說法，但歸根究柢而言，我們還非同意不可。無論我們是多麼的爲「他們著想」，無論我們對他們「寄望多高」，我們還是要回答這問題：這是誰的事？

下面我要說一句很殘酷的話：你之所以那麼生氣，是因爲你把它當成你的事了。功課不好，考不取學校，「你」多沒面子；在外面混流氓是家門不幸。小孩不能接受的是，他的功課不及格，你爲什麼比他還氣。可能潛意識裡還會抱怨，他好像在爲你念書一樣。怎麼辦呢？只有走上「反叛」一途。

幾個月前有本英文雜誌專題討論美國的前途，很多篇報導都是根據過去六十年的發展來分析美國未來的希望何在。其中我印象最深刻的一段話是，「**美國的前途端賴獨立的思考能力，與創新的精神。**」

但願我們都有勇氣問孩子「想不想念大學」，如此才是幫他獲得獨立思考的能力。孩子未來的成功與否，與他的自信、溝通能力、人際關係、熱忱的態度有更密切的關聯，身爲父母的我們，最好能在這些方面助他們一臂之力。不愛讀書可能代表他是個有創意的小孩，給他一點幫助豈不更好？有時我眞的認爲，「不管」小孩的父母比「管」小孩的父母更了不起，你覺得呢？

功課不好，考不取學校，「你」多沒面子；在外面混流氓是家門不幸。小孩不能接受的是，他的功課不及格，你為什麼比他還氣。

幫孩子改寫成功定義

中國人的父母眞是世上最好的父母。只要是對孩子的前途有利的事，父母會盡一切可能爲孩子辦到，因爲孩子的成功比自己的成功還要重要（這句話並不怎麼誇張）。究竟孩子的未來怎樣才能稱之爲成功呢？成功的定義又是什麼？我想大家一定會同意，成功是指：事業或工作發展順利，有較好的職位，賺更多的錢；婚姻美滿，家庭和睦；更快樂，有很多朋友，才華得以發揮。

把成功的定義白紙黑字寫下來之後，我們才突然發現，現今所做的要求對孩子成功與否的影響不大。我們所做的是，「以爲」對他們會有幫助的，或過去一直是這麼做的，那就依慣例做下去好了，諸如讀書、考試等。

幾年以前，有家外商公司的總經理告訴我，他現在錄用人的時候，從來沒有想到要問他們在校的總成績是多少分。他認爲，一個人的才幹、能力、工作表現與他的在校分數沒有什麼關聯。現今，更甚於此的是，可能很多老闆、總經理，連新進人員是什麼學校畢業的都不重視了，他們重視的是這個人的熱忱：

- 他喜不喜歡、會不會溝通？
- 他能不能與他人合作，發揮團隊精神？
- 他是不是很有彈性與包容力？
- 他有沒有領導人的潛力？

（以上這些都是考試不考的。所以學校也不教，因而做家長的也不重視。）

在婚姻方面，年輕人在交異性朋友的時候，多麼需要自信；結婚成家以後，夫妻之間多麼需要溝通。父母最不願意看到的就是子女找不到對象，或後來婚姻破

專業知識對一個人的成功只占二〇％的影響；自信、溝通、人際關係對成功卻占了八〇％的影響。

裂，但我們爲子女在婚姻方面所需的自信、溝通技巧的建立，又做了多少呢？

有家雜誌曾經訪問過很多公司，結果發現他們最希望來工作的年輕人具備的條件是**積極的態度**，至於他們在學校的成績，所念的科系，或是什麼學校畢業的，在這些工商業界的主管心目中都是非常不重要的項目。但天下父母心，大家還是把進名校當做生死存亡的門檻。

事實上，無論進了好學校沒有，將來我們快樂與否、工作發展、婚姻生活等，皆有賴於我們是否有自信？溝通能力好不好？人際關係如何？

美國有好幾個調查顯示，專業知識對一個人的成功只占二〇%的影響；自信、溝通、人際關係對成功卻占了八〇%的影響。看看我們今天的樣子，想想一生的經歷，我們多半會覺得，要是青少年時期就能在這些方面多多充實有多好。

如果你知道孩子的自信、溝通能力、人際關係對他的一生影響這麼大，你會採取些什麼行動呢？

每年寫給孩子一封信

有天早上我在散步的時候，聽到一段新聞：有位年輕的母親不幸得了癌症，可能不久人世。她寫了十二封信給她的八歲兒子，要他每年生日的時候拆開一封，直到他二十歲成人。

多麼感人，多麼扣人心弦。我如果是那個小孩，每年生日我會一面看媽媽的信，一面哭。到了十五、六歲的時候，我會迫切的要看後面幾年才可能拆開的信，想早一點知道母親還跟我說了些什麼。到了二十歲生日那天，我一定會想，以後再也看不到媽媽的信了。會不會不想打開這最後一封信？我不知道。

你此刻的感覺是什麼？如果我猜得不錯的話，你不但很感動，而且還很想了解一下這位母親在這十二封信裡，主要的都在談些什麼。她一定會跟她的兒子說，她是多麼愛他；她可能在其中好幾封信中會告訴他，她以他爲榮，因爲他很有自信，也很關心班上的幾位同學。她期望兒子將來能成爲一個快樂的人，有開朗的性格，能包容不同的人，充滿熱忱，ＥＱ好。她相信兒子將來會遇到一位好女孩，希望他們常看到對方的優點，並且常常讚美，常常感謝。

你看，這位母親一定不會在這些信中，提醒兒子要做功課、去洗澡、整理房間，不要常打電玩。因爲這些事比較起來，就顯得沒那麼重要了。

其實，我此刻最強烈的感觸是，我們每年都可以寫一封信給我們的孩子，不要等到生了重病時才寫。一封充滿愛、關懷、肯定和由衷讚美的信，一定比任何禮物都要珍貴。今年我一定要寫信給我的四個孩子。你呢？

一封充滿愛、關懷、肯定和由衷讚美的信，一定比任何禮物都要珍貴。

樂觀的母親有樂觀的孩子

好多年前我們很多工作夥伴一起在陽明山聚會。主要是想沉靜一下，想想過去，想想未來。其中有一個節目是，每個人都要分享他最喜歡的一個人是誰？那個人的特點是什麼？

輪到我太太分享時，她在大家面前輕鬆自在的說：「我最喜歡的人是黑幼龍的媽媽。」那時我母親已經去世了。我想，要是我母親能聽到她的媳婦這樣說多好。媽媽到底有什麼本事，讓這麼多的人喜歡她？

記得讀小學的時候，有一天我們全家人在新竹的東大路散步。我在媽媽旁邊說：「我今天的便當有一顆蛋唷。」媽媽語帶玄機的回答說：「只有你一個人有喔！」想不到這時走在前面的大哥竟回過頭來說：「我也有啊！」接著大家就都笑起來了。你看，五十多年前的一件小事，我到現在還記得這樣清楚。我母親就是這樣愛逗，喜歡耍寶。

我看到前總統馬英九在《學前教育》中說到，媽媽對他的唯一讚美竟然是「不尿床」。我必須指出，馬前總統一定不知道不尿床有多了不起，因爲我也尿床，而且一直尿到十五歲（這是一個很少人知道的祕密）。

在一個有六個小孩的眷村家庭裡，尿床不僅很麻煩，也讓我抬不起頭。但我媽媽了不起的地方是沒有嚴厲的罵過我（本來挨打都夠格了）。後來她還告訴我，她從娘家帶來的俄國毛毯都給我尿壞了。

※

有一陣子最熱門的正向心理學（Positive Psychology）認爲，眞正快樂的人通常有五大特點：

- 很喜歡家人。
- 有很多朋友。
- 有一項嗜好（包含特別投入的工作）。
- 會感恩。
- 有寬恕的美德。

你有沒有注意到，快樂與金錢或物質的多少似乎沒有直接關聯，連健康都不是快樂的重要因素。怪不得那麼多富有的人很不快樂，也怪不得身體好的人根本不珍惜。我也因而發現，我母親常常那麼開心，原來是有原因的。

從我有記憶開始，媽媽讓我印象最深的就是：常愛和家人在一起；無論是聊天、吃飯、打麻將，或是到拉斯維加斯去玩。也許有人會覺得這沒什麼特別，一般人多半也能做到，但我母親是全心投入樂此不疲。無論是半夜兩點、三點，她幾乎都是最後一位離開客廳的人，到了八十多歲還是如此。她不是勉強陪我們，而是真的樂在其中。本來我只以爲她是身體好，精力旺盛。如今回想起來，她眞是一位快樂的人。

自從做卡內基訓練的工作後，每年都要到美國參加全球的年會，幾乎每年我都請媽媽一起去。每次開會的地點都不一樣，包括聖地牙哥、聖安東尼、華盛頓、奧蘭多。在開會的一星期中，媽媽很快的就與我的同事們熟識了。大冷天，她照樣與大家一起去參觀名勝，晚上聚餐也常會發驚人之語，引得大家開懷大笑。到了最後一天的晚宴與頒獎，她一定盛裝出席，並與我們一起上臺領獎。在這些場合中，每當我有意無意的留意看媽媽的神情，都覺得除了用「盡在不言中」外，只能用「好神啊！」來形容了。

其實「母親」也有很多種，每種典型的母親都很了不起。有的母親是犧牲奉獻

母親幫我建立自信，即使書沒念好，還是很積極樂觀。可能我也有母親富感情成分的基因，喜歡分享心中的感受，看了一場感人的電影總是念念不忘。

型，有的是相夫教子型，有的是刻苦耐勞型，可能還有其他類型的母親。我必須把自己母親歸納為「老莊」型的母親，而且我相信她可能比老莊更開心。

她很少管我們，甚至不管我們念不念書（眞的很少見）。她晚年有一次跟我說，在爸爸八十歲生日宴會上，我代表家人說的那段話眞好，很有意思。那天晚上我在眾賓客面前說，從小我們就覺得很自由，爸爸媽媽都讓我們按自己的模式發展、成長。等到我們成家，有了小孩，看著小孩念中學、大學，我們才發現「不管孩子比管小孩難多了」。這是我心裡的話，媽媽聽了覺得很窩心。

⁂

母親幫我建立自信，即使書沒念好，還是很積極樂觀。可能我也有母親富感情成分的基因，喜歡分享心中的感受，看了一場感人的電影總是念念不忘。有一年我到西雅圖去看二兒子黑立國，那天小兒子也從聖荷西來了，在晚餐桌上，我看著他們倆已經長得這麼大了，也都活得那麼有意思，於是我建議我們一起先做一段飯前的感恩祈禱，我一開始說話就哭了。我媽媽很會感動別人，自己也很容易被感動。

想想我們的一生，不就是要常感動自己去做深信不疑的事嗎？可能的話，要是也能感動別人一起讓明天會更好，就更有福了。這樣說來，媽媽眞的影響了我一生，希望我們也能這樣去影響孩子的一生。

善於聆聽的偉大

每一次和你交談後，想到要分手都是那麼難。當然，我更希望你能知道，有幾次你的一句話，會讓我沈思良久。有時候，你的一個理念助我突破難關。更多時候，你是一位積極的聆聽者。你知不知道，你的聆聽救活了多少人？

那天離開了茶藝館後，我在計程車上一直想，爲什麼你能那麼積極的聆聽別人說話。你相不相信，當時在車裡想得太入神了，怕太早到家，乾脆叫計程車先靠邊停，好能讓我邊漫步邊想「聆聽」的事。

首先，你和我們最大的不同是，你對別人很感興趣，很關心別人。通常我們都只對自己的事感興趣，只關心自己。不相信的話，只要試問每一個人，當他們拿到團體照、郊遊的照片時，最先找照片裡的誰，答案就很明顯了。

其次，你每次聽別人講話，眼神一直注視著那人，臉上常有表情，表示你很注意在聽。擁有這習慣的人不但有福，而且眞可說是坐擁金城。誰都喜歡和一位眼睛看著我的人溝通，而且會讓我們愈說愈起勁。

回想一下，過去我們有多少次在小孩跟我們說話時，我們一面聽，一面看電視（或看報紙、做家事）。其實那樣也是在傳送一個訊息——你講的事不重要，沒什麼意思，或者我實在必須敷衍你。

喜愛聆聽的人沒有主宰他人的欲望，也不想替他人做決定，怪不得你那麼尊重別人。你可能覺得，雖然有時自己的意見很好，或很想幫助他，但那到底是他自己的事。我們讓別人爲自己的事負責，就是尊重他。聆聽是一種偉大，聆聽使我們開放了自己，使我們能與他人、與外界交往。想到這裡，心裡滿足欣悅。謝謝你了。

回想一下，過去我們有多少次在小孩跟我們說話時，我們一面聽，一面看電視（或看報紙、做家事）。

訴說也是一種溝通

好多年前的一個星期一早上，我走進哈佛商學院的辦公室，跟裡面的職員打招呼後，其中一位小姐說：「How can you be so cheerful?」（你怎麼還能這麼開心？）

辦公室裡的人都知道，我在波士頓機場打公用電話時，手提箱被偷了。裡面有護照、照相機、機票、錄音機，還有好多資料。他們都表示同情、難過。這位小姐好像很佩服我的豁達與情緒控制的能力。

其實眞是天知道。當時，打完電話低頭發現手提箱不見了，頓時覺得很恐怖，怎麼會一分鐘就不見了呢？怎麼可能呢？我慌張的在行李間轉來轉去，還不斷喃喃自語說，有人偷了我的手提箱。周圍的旅客都在看著我，我整個人的反應都好像不正常了。我從來沒有遇到過這種事，既不能接受，又好像被電擊了一樣，呆呆的站在那裡，焦急的等員警來。

從機場到哈佛的路上，我懊惱得不得了，責怪自己爲什麼要把護照放在手提箱裡！眞是倒楣，以前每次都是放在上衣口袋的，爲什麼偏偏這一次要如此。

從計程車裡望出去，到處是破破爛爛的建築，像是貧民區一樣，有什麼好看。那些紅磚和房子都老舊不堪，比想像中的樣子差多了，爲什麼要來？總之，什麼心情都沒有了。

報到之後，我到自己的房間，立即打電話給「全世界」，讓他們分擔我的焦慮。先打給太太，再打給在臺灣的黑立言，接著又告訴在西雅圖的黑立國（顧不得他即將到尼泊爾從事醫療工作的興奮，還是把一大堆苦水倒在他頭上）。黑立行也

打了這麼多電話後，心情開始平靜下來，雖然還是頗不能平，但至少已經可以思考了。

不能放過；老爸讓你舒舒服服的念史丹佛，你聽聽我的抱怨總是應該的吧！再打電話到香港，黑立琍的驚嘆之聲我聽了後眞的有點幫助。臺北的幾位好朋友也被我的電話吵醒，有的趕快安慰我，有的答應第二天就幫我問波士頓臺北經濟文化中心的地址、電話（想不到處長是老朋友鄭天授）。

打了這麼多電話後，心情開始平靜下來，雖然還是頗不能平，但至少已經可以思考了。我開始想，這災難的最壞的結果是什麼呢？照相機、錄音機都值不了幾個錢，機票可以掛失，現在要做的就是重新申請護照罷了。這我可以接受，而且有能力去處理，於是，我才逐漸的走出谷底。

這次經驗讓我覺得，**遇到重大事故一定要跟很多知心的人去說。人與人之間的述說、聆聽會產生神奇的效果，這大概就是所謂的溝通吧**。那位奇怪我爲什麼還能這麼開心的小姐，要是看到我打這些電話時的神情，不知道還會不會那麼佩服我？

時常提醒自己不要錯過

有一次我到一所大學去演講，也可以說我跟年輕人「攪和」了一晚上，覺得好開心。回家後很晚都睡不著。

很多人都喜歡跟年輕人在一起，可能是因爲可以感受到他們的喜悅，或能分享青春活力，甚至有機會讓自己也放任一下，自由一下。而我卻有一點自私的理由跟年輕人共度好時光。那就是，跟他們在一起時（每次都會），我會想到自己錯失了些什麼？我會提醒自己該多做些什麼。

有的人認爲人在二十歲的時候，常不知道自己將來要做什麼。其實，四十歲的人也不知道自己要做什麼。

今晚從新竹回來後，我一個人坐在客廳，雖然已經很晚了，明天又要上班。想想，管他的，有人不是說該活在當下嗎？我開始crazy了，我開始扭動，舉手抬足，隨著音樂節拍狂舞。透過落地窗看到自己的身影，有時候覺得自己像是在舞臺上；有時好像是與眾人在舞池中。

爲什麼我年輕的時候沒有盡情的跳、盡興的狂歡呢？要是年輕的時候能跳到好像沒人在看我一樣的境界該多好！回想起來，即使沒有跳舞的機會，無處可去，也可以一個人起舞，跳舞的感覺眞好，爲什麼要想那麼多呢？

跟年輕人在一起的時候，我覺得我有犯錯的權利；跟同年齡的同輩在一起，我卻變得只想不要犯錯，多麼消極，多麼缺乏開創力。

我們做父母的在子女面前不能只是警惕他們哪些不能做，還必須示範該做哪些事。如果我能再年輕一次，我會做些自己沒做或做得不夠的事。其次，我要很早就懂得接受不可避免的事實。物價會上漲、政客會膨脹，有一天我也會變老；到時候，我會幻想年輕的時候物價好便宜，政治家都很高尚，孩子們都很尊敬父母。最後，我要趁早交幾位知心的朋友。要想辦法彌補與朋友的互動方式或相隔兩地的距離。因爲，年紀愈大，愈需要年輕的時候就交到的朋友。

不知道你相不相信，雖然我們小時候想要逃避，求學過程也不順利，年輕的時候很苦，我卻不抱怨，也不羨慕那些「幸運兒」。到如今，我更不羨慕那些功課好的同學，因爲他們好多人現今很悶，一點都不快樂。

我只求當我八十幾[13]的時候，能回顧這十年來我最快樂的黃金年華。

13 編按：作者黑幼龍老師二〇二〇年適逢八十大壽，此爲收錄二〇一一年之文章。

為什麼我年輕的時候沒有盡情的跳、盡與的狂歡呢？要是年輕的時候能跳到好像沒人在看我一樣的境界該多好！

享受晚霞之美，人生正開始

幾年前，我們在一棟大樓的電梯裡，看到一個二、三歲的小孩，非常可愛。我就逗著他說了幾句話，到了要出電梯的時候，那小孩的父親說：「快跟爺爺、奶奶說再見！」

他說得好輕鬆、好自在，可是聽在我們耳朵裡卻別有一番滋味。尤其我太太聽到之後看起來不太舒服，出電梯後一直往前走，一句話都沒有。我不敢說自己是不是有什麼失落感，但眞的有點覺得被人推了一把，腳跟無法站穩。

從什麼時候開始我在別人心目中已經是一位「長者」了？我自己怎麼一點都不覺得老了呢？現今我還是那麼愛吃紅豆湯、黑輪；我還是那麼愛看電影；只要有人請我去跳舞，我一定去。或者約我一起談心、分享，尤其是crazy idea，我更會忘了自己是誰，但我怎麼會看起來那麼老呢？

其實我們不可能不知道老之將至，好比說，女兒已經結婚了、兒子已進大學。我們搬去的關渡新家不就是只有一間臥房嗎？我們沒有空巢期，我們很幸運的有了新巢，一個更適合我們、專屬於我們的家。

電梯之遇讓我想到我們求學的時候要全力以赴，爲工作、爲事業要全力以赴；爲婚姻、爲教養子女要全力以赴，但不要忘了，走入黃金年華更需要全力以赴。

※

據說有一次，一位天主教的神父和基督教的牧師、猶太教的長老聚在一起，討論生命是什麼時候開始的。神父說，生命是在受孕的那一剎那開始的，當精子和卵子結合的時候，生命就開始了。牧師不同意，他說生命必須是從有生存能力的時候

> 我們求學的時候要全力以赴，為工作、為事業要全力以赴；為婚姻、為教養子女要全力以赴，但不要忘了，走入黃金年華更需要全力以赴。

才開始的，在那之前只能算是胚胎，是生命的準備。這時，猶太教的長老帶著不解的目光看著他們二人，搖搖頭說，我不知道你們是怎麼想的，我認爲當兒子、女兒都已離家，老貓、老狗都埋在後院的時候，眞正的生命才開始。

我好嚮往這種對生命的觀感。

可能一般人將生命分爲青年、中年、老年是不對的。青年時期要開創、要打拚，所以是日出、是晨曦；中年時期責任、影響力大，是日正當中；老年應當稱之爲黃金時代，有晚霞的燦爛輝煌。

換工作不如換態度

有一位老人獨自住在家裡，兒女輪流回來照顧他，後來覺得最好還是住到老人院比較好，因爲他的眼睛已經完全看不見了。

遷入老人院的那一天，服務員牽著他的手告訴他，房間的樣子、牆上的壁畫，窗戶外面是一大片草地，還有水池，老人回答說：「眞的好美，我想我在這裡會很開心。」服務員瞪著他，一臉訝異的說：「你什麼都看不見，怎麼知道美不美呢？」講到這裡，你大概已經知道這故事想要說的是什麼了？

我們比那位老人的情況好多了，每天早上起來的時候有沒有像他這麼振奮，這麼積極？

辦公室裡的事好像永遠都做不完，煩惱的事不知道爲什麼總是那麼多；房子、車子、小孩的學業，今天的早飯該吃什麼……這些事從未間斷過。從車子開出去到抵達停車場，至少會發三次火：有人換車道沒打信號燈、某段路塞車因爲有人在路邊並排停車，還有就是亂按喇叭。

想到這裡，怪不得我們眞的要做一選擇：選擇今天要找到美好的事，還是要專注於煩惱的事。我們要選擇感恩、寬容，抑或是要讓抱怨、憤怒來折磨我。我們甚至可以在今天選擇關心他人，對他人感興趣，而不要讓冷漠習慣性的積壓在心頭。

⁂

三十年前，我對自己當時的工作非常不滿，時常抱怨，也多次口頭叫嚷要辭職。有一天一位其他部門的年長主管跟我說：「永遠不要因爲這個工作不好而辭職，除非有另一個工作更好。」這一句話對我很重要，影響也很大。三十年後的今天，回想起來，他說的眞的很有道理。

現在的公司制度不好，下一個工作機構的體制多半也有缺陷；現在的公司不公平，誰能保證新的公司一切都很合理公道；現在的公司有派系，天知道多少公司有同樣的權力鬥爭問題；跟現在的主管處不好，新工作的主管就一定處得好嗎？

因此換工作不是解決辦法，根本的辦法是改變態度。曾在集中營裡住過、受過人類最悲慘折磨的奧地利心理學家維克多．法蘭可（Victor Frankel）就認爲，人所擁有的「最後的」（last）自由是：**我們可以選擇我們的態度。**

遭遇同樣的打擊，有的人選擇的是絕望，有的人卻選擇了希望。朋友，你選擇的是什麼？你準備怎樣過這一天？

現在的公司制度不好，下一個工作機構的體制多半也有缺陷；跟現在的主管處不好，新工作的主管就一定處得好嗎？

性格決定一個人的命運

多年前，有一次我在工業技術研究院演講，快結束時有位聽眾問我，你最有成就的是什麼事？我低下頭，想了一會兒後回應他說，可能是我在臺灣創辦了青少年卡內基訓練。

人的一生如可分成幾個階段的話，那麼其中的關鍵階段應當是青少年時期。我們的性格，包括自信、態度、與他人相處互動、領導力等，在這段時期逐漸形成，可塑性也最大。

可惜的是由於升學壓力，我們在這段時期都忙於補習、K書、考試。學校照顧不了學生的自信、人際溝通；父母工作忙碌，回家吃完飯，看完電視新聞，洗個澡就累了；孩子不是在補習，就是在做功課，很難在孩子的性格方面助他們一臂之力。

臺大哲學系傅佩榮教授說，每年畢業時，很多同學會請他在他們的畢業紀念冊上簽名，並寫一句鼓勵的話。他說他寫的最多的一句話就是，「**性格會決定一個人的命運。**」

我常常會想到這句話，而且愈想愈覺得有道理。如果命運是指人未來的工作發展、婚姻家庭、社交生活有多順利、多美好的話，我們眞的可預知他的命運。好比說，如果這個年輕人的性格是滿懷自信，開朗又積極、人緣好、善於聆聽，常會尊重與諒解他人，那麼我們幾乎可預知他未來在公司裡會得到老闆的賞識，同事也會很喜歡與他共事；不只婚姻美滿，親子關係應該不差；朋友也一定很多。

反過來說，如果某一個年輕人的性格孤僻，既悲觀又消極，常與別人起衝突。

我們也可能預告他的命運，包括工作、婚姻、朋友方面都會相當悲慘。

卡內基訓練就是要在青少年可塑性最大的關鍵時期，幫助他們培養良好的性格。南山人壽前董事長郭文德先生跟我說，他在大學生時期看了卡內基的書，進入社會後，眞的覺得自己比同年齡的年輕人成熟十歲。這句話眞是語重心長，十年的時光多麼寶貴，十年累積的競爭優勢別人眞的很難追上。更有意思的是，來接受卡內基訓練的學生，不但要閱讀這本人際溝通的書。還要參與十多次的演練，效果必定更爲顯著。

最近幾年更令我們興奮的好消息是，很多卡內基的同學順利通過了口試或面談，進入理想的研究所或找到好工作。他們認爲。這要歸功於卡內基訓練帶給他們的自信與溝通能力。的確，多元化的社會中，死讀書已經不夠了，還需要在面試時保持鎮定、臨機應變、清楚表達。這正是卡內基訓練的內容。

《EQ》一書的作者高曼博士說，成功的關鍵在於我們的EQ，也就是自信、態度、鼓勵他人、溝通的能力等，對成功的影響力達八〇%。專業技術、知識，對一個人的成功只占二〇%的影響。我們費了那麼多的功夫在學識上，如今可以在EQ上投資，真的非常令人振奮。

因爲EQ好會決定一個人的命運。

如果命運是指人未來的工作發展、婚姻家庭、社交生活有多順利、多美好的話，我們真的可預知他的命運。

感恩和寬恕是終生該學習的事

寫這篇文章時，剛好又是一年過去，我們都應該比前一年更快樂、更充實才對。我們都投資了三百六十五天的時間，還有無法計算的精神與精力，來觀察、體驗和學習怎樣才能更快樂，怎樣才能活出更充實的生命。

但就很多人而言，好像並非如此。我們忙著上班、加班，做那些做不完的家務事，好像少有時間停、看、聽，很少想過怎麼樣才能更快樂。嚴重的是，一年年的過去，有的人幾十年過去了，可能賺的錢比較多了，但並沒有更快樂。我覺得對很多年輕人而言，你們最大的優勢是，立刻就可以用、馬上就可以試，不需要像我們這年紀的人那樣，覺得一切都已經太遲。

怎麼樣才能更快樂呢？有一期《時代雜誌》的主題內容就是「快樂」。其中有一個方塊文章列出了八條快樂的方法：

1．盤算一下你的福氣。
2．做一些善事。
3．珍惜喜樂。
4．感謝一位教練。（Mentor）
5．學習寬恕。
6．投資時間與經歷在朋友與家人的身上。
7．注意健康。
8．準備克服壓力與難題的方法。

從另外一個角度來看，就比較嚴肅了。大家都認爲是普通常識的事，不見得就是一定會去做的事（Common sense is not always common practice.）。像這八種方法，

我常飛行，為什麼不為平安落地而感恩呢？想想我們的小孩、想想老伴、想想能有今天，甚至想想能有機會與讀者分享，盤算這些福氣真的令我更滿足。

幾乎沒有一條是新的說法，也沒有一條是我們未曾聽過的。但我們眞的去做了嗎？

我自己就是沒有做到的人之一。但我必須坦承，每次做到了其中一條，或是在關鍵時刻提醒自己其中一條，結果常常是很有效、很欣慰。

※

我們眞的能常常想到自己的福氣嗎？或是經常想到怨氣？多少値得我們感恩的事，我們早就將其視爲理所當然。我常去紐約，我眞該感謝九一一[14]那天我不在世貿大樓附近；我常飛行，爲什麼不爲平安落地而感恩呢？想想我們的小孩、想想老伴、想想能有今天，甚至想想能有機會與讀者分享，盤算這些福氣眞滿足。

學習寬恕。爲什麼是「學習」呢？可能因爲寬恕是最難做到的，所以一輩子都要學習。然而，我們幾乎沒有選擇，**要想好好地過我們的一生，我們非學習寬恕不可。**即使是爲生理健康的理由，我們也該原諒他人。

祝福你今年更快樂。

14 九一一襲擊事件是二〇〇一年九月十一日發生在美國的自殺式恐怖襲擊事件，蓋達組織承認其發動此次襲擊；當天早晨，十九名蓋達組織恐怖分子劫持四架民航客機。劫持者故意使其中兩架飛機分別衝撞紐約世界貿易中心雙塔，造成飛機上的所有人和在建築物中許多人死亡；兩座建築均在兩小時内倒塌，並導致臨近的其他建築被摧毀或損壞。

適時的釋放讚美與感謝

有一年夏天，我的兩個兒子到阿拉斯加去玩。他們大學醫學院的一位同學就是來自那寒冷的地方，他的父親是醫師，一家人住在那裡已經幾十年了。

他們三人在河上泛舟，每天都釣起好多條鮭魚（外面買很貴），回家就用袋子裝起，以便保存。他們曾坐在山頂觀望禿鷹飛翔，周圍沒有一絲雜音，沒有一點污染。兩個星期後他們要打道回府了，臨行，那位醫師跟我兒子說：「幫我告訴你父母，他們把孩子教養的眞好。」他們回臺灣後眞的告訴我了，我雖然有點不好意思，但看得出來他們眞的很開心。而我呢，這句話引發了我很多感想。

人多麼需要得到賞識、得到讚美、得到感激，然而我們得到的卻是那麼少。我們的父母、老師、主管常會指出我們缺點、毛病，以致社會盡是缺乏自信的人。我常想，爲什麼我不能常常讚美孩子們呢？

不久前在報上看到一篇文章說，有位母親正在廚房洗碗，她那讀幼稚園的兒子放學一進門，抱著她的腿就說，「媽媽妳好辛苦哦！」這位母親覺得很奇怪，她的兒子從來沒說過這種話，怎麼突然會冒出這種感性的話呢？後來她到幼稚園去追問，才知道老師最近在帶他們練習這種情緒的溝通能力。原來，**溝通是需要學習的**；原來，**讚美與感謝是需要釋放的，才不會像死火山一樣埋在底處**。

如果，父母、老闆都會真誠的（一定要是眞心的）讚美他人，我們的社會不知是什麼模樣。激勵就是：

一、**注意他人的優點**。

二、**眞誠自然的表達出來**。

人多麼需要得到賞識，得到讚美，得到感激，然而我們得到的卻是那麼少。

一般人只注意他人的缺點，即使看到了優點也不願說給對方聽。現代心理學之父威廉．詹姆士[15]曾估計，一般人僅用到其能力的一〇%，其他九〇%都像冰山一樣埋在水面下。

什麼因素才能激發這些潛力呢？我認爲最有效的就是激勵。怪不得我的孩子會對阿拉斯加念念不忘，因爲那裡有飛翔在高空的禿鷹會讓人拓展視野，有鮭魚會提醒人大自然是那麼的奧祕。而最重要的是，這些感動會讓他們感受到大自然對人類的禮讚。

希望我也能常釋放給孩子這麼多的讚美。

接受不完美的家人

你同意有時人可以放任一下，去做某些不平常的事嗎？有時候，我會爲一個美的感覺做很多事。

三十多年前，我在岡山的一個小電影院裡，從中午一直看到晚上，把一部電影看了三遍。那部電影的情節並沒有什麼特別，中文片名好像是「小城春暖」什麼的，英文片名是《Our Town》[16]，電影吸引我的是美得令人無法呼吸的「旁白」。

15 William James，是十九世紀後半期的思想家，也是美國歷史上最具影響力的哲學家之一，被譽爲「美國心理學之父」。

16 改編自知名美國劇作家桑頓懷爾德（Thornton Wilder）獲得普立茲獎的經典名劇，一九四〇年的美國戲劇愛情電影。

三十年後的今天，我還記得片子裡形容小鎭冬天的句子：「冰雪凍結了人們的鼻頭，也冷凍了他們的傲慢。」眞的好美。不知道爲什麼，我好喜歡第一人稱的旁白，可惜這種旁白似乎只有從小說改編成電影的劇本中才有。

之後我又從另一部電影中獲得了這種感受。《潮浪王子》（The Prince of Tides）正好也是一本小說改編的電影。作者一開始就說，他小時候受過很多打擊，家人的變故也不少；他眞不能想像有些人的一生就這樣正常的過去了，好像什麼都沒發生一樣。雖然我覺得這句話坦白得有點讓人受不了，但我卻不知道是否該羡慕平平坦坦的一生。

在衝擊、變亂、挫折，甚至多次悲劇中成長的人，眞的不需抱怨太多，因爲他們將擁有很多人都沒有的彈性。未來困境來臨時，別人可能會被打倒，他卻不會。

「我逐漸學會去接受不完美的家人，只因爲我們自己也不是完美的。」

「我發現在一個家庭裡，沒有什麼過錯是不能原諒的。」

坦白說，我就是爲了這幾句話，再去看一遍《潮浪王子》的。電影院的燈亮起後，我還坐在椅子上，激動不已。

我們能接受「不完美的家人嗎？」答案是，很難。我們似乎寧願寬恕外人，對家人總有更高的標準，更高的期望。日子就這樣一天天的過去，希望有一天當我們想做一件很重要的事時，一切都還不會太晚。

「我逐漸學會去接受不完美的家人，只因為我們自己也不是完美的。」
「我發現在一個家庭裡，沒有什麼過錯是不能原諒的。」

讓孩子經歷最美好的時光

巴菲特在他的自傳《雪球》中有十處提到卡內基對他的影響。如何將他從一個害羞、內向、退縮的年輕人，變成一位會溝通、樂在溝通的人，並將自己的成功歸因於此。

我曾跟一群朋友聊天並問他們，有多少人回想自己青少年期的時候，覺得那眞是一段美好時光？我們經常打籃球打到天黑、漏夜趕製壁報和校刊、參加辯論隊、贏得演講比賽、演話劇、在露營的時候與哥兒們在星光下分享彼此的願景，有好幾位肝膽相照的好朋友，只因爲我們會看到朋友的優點，並且大方給予讚美。

很幸運，我享受過這些美好的事，因爲我沒考取名校。我初中進的是一所父母在親友面前不想提的學校。後來更沒有升學壓力，因爲根本不可能考得上大學，所以沒報名。平常不用讀書，沒有作業，所以我都在玩。然而，付出的代價也很高。青少年期的經驗讓我很退縮、很自卑，多少年我都覺得自己矮人一等，不敢抬頭。我變得很沒有自信，開始抽菸，並且過分在乎別人對我的想法。

其實，無論我們進的是最好的中學，或是很沒面子（主要是父母的面子）的學校，中學的年代都曾是一段令人難忘的時期，以致今天我們坐車經過母校時會好好的多看一眼那幢校舍。我們是否曾隔一段時間就會回母校看看？走進自己上課的教室，摸摸自己坐過的桌椅，到大操場逛逛，回味一下自己的「全盛」時期？

青少年是人生成長的關鍵年代，我們會不會由衷的想爲母校做點回饋？參加校慶，做義工，定期捐一些錢給母校。因爲我的性格、態度，甚至價値觀與青少年成長過程很有關聯。我的家、生活、快樂指數都受到這段塑造長期的影響，因而念念不忘，但如果學校留給我們的盡是學業壓力、惡補、考試、塡鴨，我們應該不會想

我們是否曾隔一段時間就會回母校看看？走進自己上課的教室，摸摸自己坐過的桌椅，到大操場逛逛，回味一下自己的「全盛」時期？

念母校，經過母校時車子的速度也不會慢下，因爲那是一段我想忘懷的階段。

多年來我們都在幫助成年人更會溝通、更會合作。如果成年人從現在開始都不嫌晚，我們一定更能幫助年輕人經歷人生最美好的時光，學會增強自信、改善人際溝通的能力，重要的是知道如何克服壓力。

給我最親愛的妳，我以妳為榮

七月二十四日，是人類首次登陸月球的日子。那已經是幾十年前的事了。

爲什麼我對這個日子記得這麼清楚呢？並非因爲我是太空迷，也不是因爲我對人類的這個創舉印象特別深刻，更不是因爲我記憶力好，而是那天我倆是在一個特別的地方觀看這場電視轉播的。

記得嗎？那天晚上我們坐在一家兒童醫院的候診室裡。妳好像對登陸月球的事沒什麼興趣，而我卻瞪著眼看電視轉播（那時還是黑白電視，主持轉播的是台視的羅大維）。

我很能了解妳其實沒心情看阿姆斯壯在月球散步。那天，我們的二個小孩都發高燒，都在病床上打點滴。那天我們抱著他們，到東門附近的一個金店去，把結婚戒指給賣了，然後到醫院去看病。那天。我記得更清楚的是，我們走在信義路上，有好幾次我斜眼用餘光望著妳的表情。我發現妳的臉上沒有懊惱、煩燥，好像還帶著微笑，眼神看著前面走（很多人習慣低頭走路）。

那已經是好多年以前的事了。這麼多年來，我很少寫信給妳，雖然每遇感觸良多的時候我就想寫，但每次卻拖了一陣子就擱在一邊了。

艾科卡在《反敗爲勝》[17]中表示，他的太太在他辭去年薪百萬的職位時曾向他說，「我以你爲榮」（I am proud of you）；在他將克萊斯勒公司救起來後，又向他說「我以你爲榮」。**最後，在他太太患糖尿病去世後，他才想到自己從來沒向她說過這句話，真正值得驕傲的是他太太。可是已經太晚了。**

我想到結婚二十三年來我們搬過十七次的家；想到我們的小孩都那麼好；想到妳邊打工，邊照料六口之家，還能考取加州的藥劑師執照；特別是想到這幾個星期以來妳所表現的積極、堅強、勇氣，不斷的給我打氣；百齡，我眞以妳爲榮。

很多人見到妳都說妳怎麼那麼年輕——我知道爲什麼，因爲妳從來沒有對任何事失望過。

17 Iacocca:An Autobiography，一九九三年天下文化出版。作者爲曾讓克萊斯勒汽車翻轉頹勢的美國汽車業傳奇人物艾科卡（Lee Iacocca）。

妳所表現的積極、堅強、勇氣，不斷的給我打氣；百齡，我真以妳為榮。

VAV1010

黑幼龍的慢養哲學——幫助孩子在成長過程中找到力量

作　者—黑幼龍
主　編—林潔欣
企劃主任—葉蘭芳
美術設計—徐思文
內頁排版—游淑萍

董事長—趙政岷
出版者—時報文化出版企業股份有限公司
一〇八〇一九臺北市和平西路三段二四〇號三樓
發行專線—（〇二）二三〇六—六八四二
讀者服務專線—〇八〇〇—二三一—七〇五
（〇二）二三〇四—七一〇三
讀者服務傳真—（〇二）二三〇四—六八五八
郵撥—一九三四四七二四時報文化出版公司
信箱—10899 臺北華江橋郵局第 99 信箱

時報悅讀網—http://www.readingtimes.com.tw
法律顧問—理律法律事務所 陳長文律師、李念祖律師
印　刷—盈昌印刷有限公司
初版一刷—二〇二〇年一月十日
初版二刷—二〇二〇年十一月二十日
定　價—新臺幣三五〇元
（缺頁或破損的書，請寄回更換）

時報文化出版公司成立於一九七五年，
並於一九九九年股票上櫃公開發行，於二〇〇八年脫離中時集團非屬旺中，
以「尊重智慧與創意的文化事業」為信念。

黑幼龍的慢養哲學：幫助孩子在成長過程中找到力量
／黑幼龍作 . -- 一版 . -- 臺北市 : 時報文化 , 2020.01
面； 公分 . -
ISBN 978-957-13-8052-0（平裝）
1. 親職教育 2. 親子關係

528.2　　108020510

ISBN 978-957-13-8052-0
Printed in Taiwan